Les cahiers d'exercices

Luxembourgeois

Débutants

Jackie Messerich et Franck Colotte

À propos de ce cahier

En plus de 160 exercices, les 17 chapitres de ce cahier vous permettront d'effectuer un balayage systématique et progressif des fondamentaux de la grammaire luxembourgeoise : de la prise de contact à l'expression de la vie quotidienne que vous pourrez exposer en vous appuyant sur divers actes de communication, en passant par l'apprentissage contextualisé d'outils essentiels comme les conjugaisons, les pronoms, les prépositions, etc. Vous vous plongerez dans cette nouvelle langue sur un mode ludico-culturel.

Dans ce cahier, tous les points importants de la langue luxembourgeoise sont abordés : les articles, les substantifs, les pronoms, les adjectifs, les verbes réguliers et irréguliers, les formes de phrase, les indications de temps et d'heure... autant d'instruments de base pour commencer à s'exprimer au quotidien !

Enfin, ce cahier vous permet d'effectuer votre autoévaluation : après chaque exercice, dessinez l'expression de vos icônes (☺ pour une majorité de bonnes réponses, 😐 pour environ la moitié et ☹ pour moins de la moitié). À la fin de chaque chapitre, reportez le nombre d'icônes relatives à tous ces exercices et, en fin d'ouvrage, faites les comptes en reportant les icônes des fins de chapitres dans le tableau général prévu à cet effet.

Sommaire

1. Pour commencer 3
2. Les articles 16
3. Le pluriel des substantifs 22
4. Les nombres cardinaux et l'heure 27
5. Les pronoms personnels 32
6. Les verbes réguliers au présent de l'indicatif . 35
7. Les verbes irréguliers au présent de l'indicatif 40
8. Les prépositions de lieu 48
9. Parler de ses origines 54
10. L'interrogation, l'affirmation et la négation . 61
11. Les nombres ordinaux et les dates 66
12. Les indications temporelles 72
13. Les possessifs 81
14. L'impératif 89
15. Comparer 97
16. Les verbes ginn et kréien 104
17. Le passé composé 112

Solutions 120
Tableau d'autoévaluation 127

1 Pour commencer

La prononciation et l'alphabet

Comme l'explique *Le Guide de conversation luxembourgeois* paru chez Assimil, dont est issue cette partie sur la prononciation, la prononciation des lettres de l'alphabet luxembourgeois diffère de la prononciation française. C'est pourquoi nous utiliserons une transcription phonétique simplifiée. Elle a pour but de vous aider à bien prononcer le luxembourgeois. Il vous suffit de la lire comme si c'était du français.

Dans notre transcription phonétique, nous ajouterons par convention une apostrophe devant les sons nasaux « voyelle + n, m, ng » afin d'empêcher la nasalisation, fréquente en français, avec la voyelle précédente, comme dans **Sand** [za'nt] (*sable*) et non comme dans *hand-ball*, ou **Schampes** [cha'mpœs] (*champagne*), ou encore **sangen** [za'ngœ'n] (*chanter*).

Contrairement au français, le luxembourgeois différencie les voyelles brèves des voyelles longues. Pour signaler qu'une voyelle est longue et qu'il faut donc prononcer le son de façon allongée en marquant sa double longueur, on emploiera le double point (:), comme dans **Kan** [ka:'n] (*bidon*), et non dans **kann** [ka'n] (*il peut*). Lorsque les consonnes douces **b, d** se trouvent à la fin du mot, elles sont prononcées en employant des sons « sourds », comme les consonnes **p** et **t** (par exemple : **Kueb** [kouœp] (*corneille*) et **midd** [mit] (*fatigué*).

À la fin du mot, **s** doit toujours être prononcé de façon sourde, comme dans **Glas** [gla:s] (*verre*).

Pour les mots empruntés au français s'opère une nasalisation comparable au français : **Arrangement** [aranjœmè'nt], **Ensembel** [ensembœl], **Timber** [timba], **bon** [bon].

Les consonnes

Les consonnes **b, d, g, k, l, m, n** sont en général prononcées comme en français. De même, **p, t** et **k** sont prononcées comme en français, mais le son est suivi d'une aspiration distincte.

Lettre	Transcription	Prononciation	Exemples
p	[p]	même prononciation qu'en français, mais plus fort, plus aspiré	**Papp** [pap] *père*
b	[b]	comme en français	**labber** [lab[a]] *lâche*

CHAPITRE 1 : POUR COMMENCER

Les consonnes (suite)

Lettre	Transcription	Prononciation	Exemples
t	[t]	comme en français, mais plus aspiré	**tuten** [tou:tœ'n] *klaxonner*
th	[t]	même prononciation que le **t**	**Marathon** [maratô:'n]
d	[d]	comme en français	**Depart** [dépa:r] *départ*
k	[k]	comme en français	**kaschten** [kachtœ'n] *coûter*
c	[k]	même prononciation que le **k**	**Case** [ka:s] *casier*
x	[ks]	**x** équivaut toujours à la combinaison [ks]	**Hex** [Hèks] *sorcière*
chs	[ks]	**chs** se prononce [ks]	**nächsten** [né:kstœ'n] *suivant*
ck	[k]	la combinaison **ck** équivaut toujours à [k]	**Eck** [èk] *coin* ; **Echecken** [échèkœ'n] *échecs*
qu	[k]	même prononciation que le **k**	**Qualitéit** [kalitéyt] *qualité*
g	[g/gu]	au début d'un mot **g** doit être prononcé comme dans *gant* ou *garde*, toujours dur comme dans *gâteau*, même suivi de **e** ou **i**	**Gaart** [ga:rt] *jardin* ; **giel** [guiœl] *jaune* ; **geet** [gué:t] *(il) va*
g	[j]	**g** est prononcé comme [j] : – en fin de syllabe après **e** et **i** ; – souvent dans les mots empruntés au français ou au latin	**genial** [jénya:l] *génial* ; **Astrologie** [astrôlôji:] *astrologie*
g	[cH]	**g** est prononcé comme le **ch** français, mais en soulevant le milieu de la langue vers l'arrière du palais en fin de syllabe après **e** et **i**	**bëlleg** [boelécH] *bon marché* ; **Hunneg** [Hu'nécH] *miel*
g	[rH]	en fin du mot après **a**	**Dag** [da:rH] *jour* ; **Virtrag** [fi{^a}tra:rH] *conférence*
z/tz	[ts]	comme dans *mouche tsé-tsé*	**Zocker** [tsôk{^a}] *sucre* ; **setzen** [zètsœ'n] *poser*
f	[f]	même prononciation qu'en français	**froen** [frô:œ'n] *demander* ; **(du) schreifs** [chrayfs] *(tu) écris*
v	[f]	comme **f**	**véier** [féy{^ja}] *quatre* ; **virwëtzeg** [fi{^a}vœtsécH] *curieux*
ph	[f]	comme en français	**Alphabet** [alfabé:t] *alphabet*
w/v	[v]	**w** se prononce comme le **v** de *valeur* ; plus rarement **v** se prononce aussi [v]	**wënschen** [vœ'nchœ'n] *vouloir* ; **firwat** [fi{^a}va:t] *pourquoi* ; **vag** [va:k] *vague* ; **Nerven** [nèrvœ'n] *nerfs*
ss/s	[s]	toujours comme dans *tasse*, même seul en fin de mot	**Taass** [ta:s] *tasse* ; **Glas** [gla:s] *verre*

CHAPITRE 1 : POUR COMMENCER

Lettre	Transcription	Prononciation	Exemples
s	[z]	entre deux voyelles et en début de mot, il se prononce souvent comme dans *maison*	**Tasen** [ta:zœ'n] *tasses* ; **sichen** [zicHœ'n] *chercher*
sch	[ch]	comme dans *chef*	**Schëff** [chœf] *bateau* ; **franséisch** [fra'nzéych] *français* ; **Doktesch** [dôktécH] *femme médecin*
tsch	[tch]	comme dans *tchèque*	**däitsch** [dèytch] *allemand* ; **rutschen** [routchœ'n] *glisser*
sp	[chp]	devant **p**, **s** se prononce [ch]	**Spill** [chpil] *jeu*
st	[cht]	devant **t**, **s** se prononce [ch]	**stoen** [chtô:œ'n] *être debout*
ch	[cH]	après **i** et **e/ä**, souvent dans les terminaisons **-lech** (ou **-eg**), ch se prononce comme le [ch] français mais en soulevant le milieu de la langue vers l'arrière du palais	**sécher** [zécH^a] *sûr* ; **Liicht** [li:cHt] *lumière* ; **schiedlech** [chiœtlécH] *nuisible*
ch	[rH]	après **a**, **o** et **u**, le dos de la langue est soulevé en direction du voile du palais (comme en allemand)	**Kuch** [kourH] *gâteau* ; **laachen** [la:rHœ'n] *rire*
j	[j]	comme dans *jus*	**héijen** [Héyjœ'n] *augmenter*
j	[y]	comme dans *yacht* ou *yaourt*	**Jeeër** [yé:^{a}] *chasseur* ; **Januar** [yanoua:r] *janvier*
h	[H]	la consonne aspirée **h** est toujours prononcée en début de mot	**Haus** [Hèous] *maison* ; **hiewen** [Hiœvœ'n] *lever*
m	[m]	comme en français	**Mann** [ma'n] *l'homme* ; **sammelen** [za'mœlœ'n] *collecter*
n	[n]	comme en français	**Nues** [nouœs] *nez* ; **kënnen** [kœ'nœ'n] *pouvoir*
ng	[n^g]	comme dans *ping-pong*. Prononcez d'abord [g] en maintenant l'ouverture du son. Parlez ensuite par le nez comme pour [m] ou [n], et ainsi vous entendrez le son [n^g]	**sangen** [za'n^{g}œ'n] *chanter* ; **Hong** [Hon^g] *poulet*
nk	[n^{g}k]	même son que le précédent, mais avec l'ajout d'un [k]	**drénken** [dré'n^{g}kœ'n] *boire* ; **Ufank** [ufa'n^{g}k] *début*
l	[l]	comme en français	**Leit** [layt] *gens* ; **killen** [ki̲lœ'n] *refroidir*
r	[r]	comme en français	**Raaspel** [ra:spœl] *râpe* ; **Terrain** [tèrin] *terrain*
schw	[chou]	prononcer [chou]	**schwéier** [chouéy^a] *difficile* ; **geschwat** [gœchoua:t] *bavarder*

CHAPITRE 1 : POUR COMMENCER

Les voyelles

Le luxembourgeois dispose d'un plus grand nombre de voyelles que le français. Beaucoup de ces voyelles sont prononcées comme en français.

Lettre	Transcription	Prononciation	Exemples
a	[a]	comme en français	**Kanner** [ka'nª] *enfants* ; **Mann** [ma'n] *homme* ; **rappen** [rapœ'n] *râper*
a/aa	[a:]	comme un [a] allongé	**Kap** [ka:p] *casquette* ; **maachen** [ma:rHœ'n] *faire* ; **Fra** [fra:] *femme*
an/am	[an/am]	nasalisation comme en français	**Arrangement** [aranjœmè'nt] *arrangement* ; **Ambitioun** [ambitsyôoun] *ambition*
e	[œ]	e atone apparaît souvent dans les terminaisons et les préfixes	**schaffen** [chafœ'n] *travailler* ; **betaaschten** [bœta:chtœ'n] *toucher*
ë	[œ]	e atone comme dans *de, je, que, devoir, ressortir* ; ce son peut aussi se trouver dans des syllabes accentuées	**mëll** [mœl] *mou* ; **Lëscht** [lœcht] *liste*
e/ä	[è]	comme le [è] de *mère*	**Hengscht** [Hè'nᵍcht] *cheval mâle* ; **hell** [Hèl] *clair* ; **Kächen** [kècHœ'n] *cuisinière (personne)*
ä/äe	[è:]	même son mais allongé devant **r**	**Här** [Hè:ª] *monsieur* ; **Häerz** [Hè:ªts] *cœur*
é	[é]	comme [é] de *décider*, mais prononcé de façon plus courte	**Méck** [mék] *mouche* ; **sécher** [zécHª] *sûr* ; **kéng** [ké'nᵍ] *osé*
ee	[é:]	[é] allongé ; ce son est presque toujours écrit **ee** en luxembourgeois	**Eemer** [é:mª] *seau* ; **(du) gees** [gué:s] *(tu) vas*
en/em	[en/em]	nasalisation comme [en] de *dent*	**Ensembel** [ensembœl] *troupe* ; **Employé** [emplouayé] *employé*
er	[a]	la syllabe finale **-er** est souvent aussi prononcée comme un [a] bref	**labber** [labª] *délié* ; **Kanner** [ka'nª] *enfants*
i	[i]	comme en français	**Iddi** [idi] *idée* ; **midd** [mit] *fatigué* ; **kill** [kil] *frais*
i/ii	[i:]	prononciation identique que le **i** court, mais de façon allongée	**Liicht** [li:cHt] *lumière* ; **riseg** [ri:zécH] *énorme*
in/im	[in/im]	nasalisation comme [in] dans *intéressant*	**Interieur** [intèriœ:r] *intérieur* ; **Timber** [timbª] *timbre*

CHAPITRE 1 : POUR COMMENCER

Lettre	Transcription	Prononciation	Exemples
o	[ô]	comme dans *hôtel*	**Posch** [pôch] *sac à main* ; **Loscht** [lôcht] *envie*
o/oo	[ô:]	[ô] allongé comme dans *dôme*	**schlofen** [chlô:fœ'n] *dormir* ; **deemools** [dé:mô:ls] *jadis*
on	[on]	nasalisation comme en français	**bon** [bon] *bon*
ö	[eu:]	son rarement employé comme dans *fœhn*	**Fön** [feu:'n] *sèche-cheveux*
u	[ou]	comme dans *loup*	**Tulp** [toulp] *tulipe* ; **Kuch** [kourH] *gâteau*
u/uu	[ou:]	prononciation identique au **u**, mais de façon allongée ; *ou* allongé	**Tut** [tou:t] *sachet* ; **Luucht** [lou:rHt] *lumière*
ü	[u]	son rarement employé, comme le [u] dans *amuser*	**Dünger** [du'n^(ga)] *engrais*
ü	[u:]	prononcé de façon allongée	**Bün** [bu:'n] *scène* ; **Süden** [zu:dœ'n] *sud*

Les diphtongues

À cela, s'ajoutent neuf diphtongues qui sont complètement inconnues en français.

Lettre	Transcription	Prononciation	Exemples
ie	[iœ]	changement liquide du [i] en [œ]	**liesen** [liœzœ'n] *lire* ; **Wieder** [wiœd^(a)] *temps (météo)*
ue	[ouœ]	changement liquide de [ou] en [œ]	**Kueb** [kouœp] *corbeau* ; **Buedem** [bouœdœ'm] *sol*
éi	[éy]	changement liquide de [é] en [y]	**spéit** [chpéyt] *tard* ; **Aktualitéit** [aktoualitéyt] *actualité*
ou	[ôou]	changement liquide de [ô] en [ou]	**Schoul** [chôoul] *école* ; **Boun** [bôou'n] *haricot*
äi	[èy]	changement liquide de [è:] en [y] (prononciation allongée)	**Zäit** [tsèyt] *temps* ; **däin** [dèy'n] *ton*
au	[èou]	changement liquide de [è:] en [ou] (prononciation allongée)	**Haut** [Hèout] *peau* ; **Laus** [lèous] *pou*
ai	[ay]	changement liquide de [a] en [y]	**Lais** [lays] *poux*
ei	[ay]	changement liquide de [a] en [y]	**Leit** [layt] *gens*
au	[aou]	changement liquide de [a] en [ou]	**Auto** [aoutô] *voiture*
eu	[ôy]	changement liquide de [ô] en [y]	**Euro** [ôyrô] *euro* ; **Europa** [ôyrôpa] *Europe*

CHAPITRE 1 : POUR COMMENCER

La prise de contact

- On peut se présenter (ou présenter une autre personne) de quatre manières différentes.

  1. **Mäin/Säin/Hiren Numm ass ...** suivi du prénom (**Virnumm**) et/ou du nom (**Familljennumm**).
     - **Mäin Numm ass Paul, säin Numm ass Jacques/Isabelle, hiren Numm ass Lisa Weber.** (*Mon nom est/Son nom est...*)

  2. **Ech heesche(n)/Hien/si/hatt heescht** suivi du prénom et/ou du nom.
     - **Ech heeschen Nicole/Leo, hien heescht Pierre/Si heescht Caroline/Hatt heescht Marie.** (*Je m'appelle/Il, elle s'appelle...*)

  3. **Ech sinn ...** suivi de l'article **de(n)** pour les sujets masculins, et de l'article **d'** pour les sujets féminins, puis du prénom.
     - **Ech sinn den Antoine/de Serge/d'Claire.** (*Je suis...*)

  4. **Dat ass ...** suivi de l'article **de(n)** pour les sujets masculins, et de l'article **d'** pour les sujets féminins, puis du prénom.
     - **Dat ass den Alex, dat ass den Här Kolbett; dat ass d'Nadia, dat ass d'Madamm Dentzer.** (*C'est...*)

- Lorsque l'on présente plusieurs personnes, on utilise **Dat sinn ...**

  Dat sinn de Paul an d'Virginie, dat sinn den Här an d'Madamm Heinen.

- Pour connaître le nom d'une personne, on peut demander :
  - **Wéi heeschs du? Wéi heescht Dir?** (*Comment t'appelles-tu ? Comment vous appelez-vous ?*)
  - **Wéi ass däin Numm/Ären Numm?** (*Quel est ton/votre nom ?*)
  - **Wie bass du/sidd Dir?** (*Qui es-tu/êtes-vous ?*)
  - **Wien ass dat?** (*Qui est-ce ?*)

Banque de mots

Familljennumm [m.] (*nom de famille*)

Numm [m.] (*nom*)

Virnumm [m.] (*prénom*)

heeschen (*s'appeler*)

wéi? (*comment ?*)

Brudder [m.] (*frère*)

Schwëster [f.] (*sœur*)

Mann [m.] (*mari*)

Fra [f.] (*femme, épouse*)

Här [m.] (*monsieur*)

Madamm [f.] (*madame*)

mäin (*mon*)

meng (*ma*)

däin (*ton*)

deng (*ta*)

Ären [m.], Är [f.] (*votre*)

CHAPITRE 1 : POUR COMMENCER

1 Cochez les phrases de présentation correctes.

- a. Mäin Numm ass Lea Poos.
- b. Ech heesche Jean Fischer.
- c. Dat heescht Jeanne Lauer.
- d. Hien heescht sech Pierre Dupont.
- e. Ech si Paul Barthel.
- f. Dat ass de Marie Schmit.
- g. Hatt heescht Caroline Bisenius.
- h. Dat ass de Mike Aster.
- i. Säin Numm ass de Jacques.
- j. Dat sinn den Här an d'Madamm Molitor.

2 Ajoutez l'article den/de ou d' si nécessaire.

a. Mäin Numm ass ……….. Jennifer Bisenius.

b. Dat ass ……….. Pierre, mäi Mann.

c. Mäi Familljennumm ass ……….. Klein, mäi Virnumm ass ……….. Véronique.

d. Ass dat ……….. Jean-Claude Meis?

e. Ass Ären Numm ……….. Trierweiler?

f. Ech heesche(n) ……….. Francine, an dat ass mäi Brudder, ……….. Fränz.

g. Heescht Dir ……….. Henri?

h. Nee, ech sinn ……….. Guillaume.

i. Dat ass ……….. Här Braun an dat ass ……….. Madamm Blau.

j. Meng Fra heescht ……….. Isabelle.

CHAPITRE 1 : POUR COMMENCER

③ Remettez les mots dans l'ordre pour faire des phrases correctes.

a. ass dat wien? → ....

b. Capesius Dir heescht Jean? → ....

c. ass Paul säi Virnumm. → ....

d. ass dat den Här Junk? → ....

e. ass ass Becker Familljennumm Gilles mäi mäi Virnumm.

→ ....

f. Dir Familljennumm heescht mam wéi?

→ ....

g. ass Bond Bond James mäin Numm.

→ ....

h. Äre ass Familljennumm Gregorius?

→ ....

i. ass Äre Äre Claude Familljennumm oder Virnumm?

→ ....

j. Claudine d' Familljennumm heescht mam Meyer.

→ ....

Saluer

Le mot passe-partout pour se saluer en luxembourgeois est **Moien,** que l'on peut utiliser tout au long de la journée. Il existe également des salutations pour les différents moments de la journée (**Moien, Mëtteg, Nomëtteg, Owend**) normalement assortis de **gudden/gutt** (*bon/bonne*). On peut aussi dire **Bonjour** (plus formel) et **Salut** (moins formel). Pour prendre congé de quelqu'un, on peut dire **Äddi, Awar** (ou **Awuer**), qui vous font certainement penser à *Adieu* et *Au revoir*. Avant d'aller dormir, on se souhaite **Gutt Nuecht**.

CHAPITRE 1 : POUR COMMENCER

4 Placez les salutations dans le tableau, selon l'heure de la journée.

Moien, Moien, Bonjour, Bonjour, Gudde Moien, Salut, Gudde Mëtteg, Gudden Owend, Gutt Nuecht, Bis Geschwënn, Mëtteg, 'n Owend, Awuer (Awar)

Moies (Matin)	Mëttes (Après-midi)	Owes (Soir)	Verabschiden (Prendre congé)	De ganzen Dag (À n'importe quel moment de la journée)

5 Reliez les salutations à leur traduction.

a. À bientôt ☐   ☐ Bonjour
b. Adieu ☐   ☐ Bis geschwënn
c. Au revoir ☐   ☐ Äddi
d. Bonjour ☐   ☐ Gudde Mëtteg
e. Bonjour ☐   ☐ Salut
f. Bon après-midi ☐   ☐ Awar
g. Bonne matinée ☐   ☐ Moien
h. Bonne nuit ☐   ☐ Gudde Moien
i. Bonsoir ☐   ☐ Gutt Nuecht
j. Salut ☐   ☐ Gudden Owend

Premier contact

Voici quelques phrases utiles lors d'un premier contact :

wéi geet et? (*comment ça va ?*)

gutt (*bien*)

immens gutt (*très bien*)

schlecht (*mal*)

et geet (*ça va*)

net immens (*pas terrible*)

an dir? (*et toi ?*)

an lech? (*et vous ?*)

enchantéiert/et freet mech (*enchanté(e)*)

dat/et deet mir leed (*désolé(e)*)

CHAPITRE 1 : POUR COMMENCER

6 Remettez le dialogue suivant dans l'ordre qui convient.

- Et freet mech.
- Dat deet mir leed.
- O, net immens, ech si krank (*malade*).
- Gutt, an dir?
- Hei, salut, Paul, wéi geet et?
- Jo, … kann ech presentéieren? Dat ass meng Fra, d'Joanne.
- Mir hunn e Rendez-vous beim Dokter. Bis geschwënn.
- Jo, äddi, bis geschwënn.

La règle du -n

- La règle (phonétique) du -n veut que les **-n** ou **-nn** à la fin d'un mot, que ce soit un article, une conjonction, un adjectif, un adverbe, un nom commun, un verbe ou une particule séparable (même dans des mots composés) restent si le mot suivant commence par une voyelle (**a**, **e**, **i**, **o**, **u**, mais aussi **ä**, **ë**, **ö** et **ü**) ou par les consonnes **d**, **t**, **z**, **n** et **h**. En général, on enlève le ou les **-n** si le mot suivant commence par une autre lettre que celles mentionnées ci-dessus.

- Cette règle ne s'applique pas aux noms propres (personnes, villes, pays). Les **-n** restent aussi devant les signes de ponctuation.

- Petite aide mnémotechnique : UNITED ZOAH ➜ Si un mot commence par une de ces lettres (ou une voyelle avec Umlaut), les **-n** finaux du mot précédent restent. Ils sont donc écrits et prononcés.

  – **den Auto**, mais **de Bus**.

- Cela vaut également pour les prénoms masculins : **den Alexandre**, mais **de Michel**.

CHAPITRE 1 : POUR COMMENCER

7 Enlevez tous les -n superflus et recopiez la phrase corrigée.

a. Ech heeschen Karin.

➜ ....

b. Main Numm ass Weber.

➜ ....

c. Ass Ären Familljennumm Schmit?

➜ ....

d. Sidd Dir den Här Junck?

➜ ....

e. Ass dat den Paul Hilbert?

➜ ....

f. Gudden Moien!

➜ ....

8 Den ou de ? Insérez l'article correspondant devant chaque prénom.

a. ___ Pierre
b. ___ Mike
c. ___ Louis
d. ___ Joseph
e. ___ Antoine
f. ___ Arthur
g. ___ André
h. ___ Maxime
i. ___ Paul
j. ___ Henri
k. ___ Serge
l. ___ Gilles

CHAPITRE 1 : POUR COMMENCER

Prononciation des diphtongues

Parmi les neuf diphtongues que l'on connaît en luxembourgeois, certaines peuvent aussi servir d'exclamations :

- **Au** [aou] pour exprimer qu'on a mal,
- **Ai** ou **Ei** [ay] pour exprimer le plaisir,
- **Éi** [éy] pour interpeller quelqu'un,
- **Ou?** [ôou] pour exprimer la surprise ou le doute.

9 Associez les diphtongues/exclamations Au, Ai/Ei, Éi et Ou aux images correspondantes.

Au   Ai/Ei   Éi   Ou

a. ....

b. ....

c. ....

d. ....

Prononciation des voyelles a, i, o et u [ou]

Les voyelles **a**, **i**, **o** et **u** [ou] peuvent être prononcées de façon longue ou courte, en fonction du nombre de voyelles et de consonnes du mot :

- deux voyelles/plusieurs consonnes : prononciation longue.
  – **schwaarz** (*noir*)
- une voyelle/une consonne : prononciation longue.
  – **de Bal** (*le bal*)
- une voyelle/deux ou plusieurs consonnes : prononciation courte.
  – **de Kapp** (*la tête*)

La combinaison deux voyelles/une consonne n'existe pas sauf pour le « e ».

  – **Eemer** (*le seau*)

10 Indiquez si les voyelles se prononcent de façon courte ou longue.

a. K**a**p (*casquette*) ☐
b. Str**oo**ss (*rue*) ☐
c. H**a**m (*jambon*) ☐
d. P**u**ll (*flaque d'eau*) ☐
e. K**a**z (*chat*) ☐
f. R**i**s (*géant*) ☐
g. K**ii**scht (*cerise*) ☐
h. M**i**wwel (*meuble*) ☐
i. B**a**ll (*ballon*) ☐

L *Prononciation longue*

C *Prononciation courte*

Bravo, vous êtes venu(e) à bout du chapitre 1 ! Il est maintenant temps de comptabiliser les icônes et de reporter le résultat en page 128 pour l'évaluation finale.

2 Les articles

Le genre des articles

- On peut distinguer trois genres : le masculin, le féminin et le neutre.

- Les articles définis au nominatif et à l'accusatif en luxembourgeois sont **den** [dœ'n] ou **de** (suivant la règle du -n) pour le masculin, **d'** pour le féminin, le neutre et le pluriel.

      de Mann [m.] (*l'homme*)   **d'Kand** [n.] (*l'enfant*)

      d'Fra [f.] (*la femme*)   **d'Leit** [pl.] (*les gens*)

- Lorsque les substantifs sont précédés d'un adjectif ou lorsque l'article a une fonction démonstrative, ils deviennent **deen** (ou **dee**) [dèn] pour le masculin, **déi** [déy] pour le féminin et le pluriel, **dat** [da:t] pour le neutre.

- Les articles indéfinis au nominatif et à l'accusatif sont **en** ou **e** pour le masculin ou le neutre, **eng** [èn^g] pour le féminin ; il n'y pas d'article indéfini au pluriel. Ainsi, *des gens* se traduit par **Leit**.

Pour déterminer le genre d'un mot, il faut donc souvent connaître les deux articles.

- **À noter :** les substantifs s'écrivent toujours avec une majuscule.

1 Faites précéder chaque substantif par son article défini, démonstratif et indéfini (attention à la règle du -n !). Exemple : den/deen/en Dësch [m.] (*table*)

d. ...../...../..... **Luucht** [f.] (*lampe, lumière*)

e. ...../...../..... **Heft** [n.] (*cahier*)

f. ...../...../..... **Blat** [n.] (*feuille*)

g. ...../...../..... **Posch** [f.] (*sac*)

h. ...../...../..... **Computer** [m.] (*ordinateur*)

a. ...../...../..... **Stull** [m.] (*chaise*)   i. ...../...../..... **Haus** [n.] (*maison*)

b. ...../...../..... **Buch** [n.] (*livre*)   j. ...../...../..... **Bam** [m.] (*arbre*)

c. ...../...../..... **Meedchen** [n.] (*fille*)   k. ...../...../..... **Auto** [m.] (*voiture*)

CHAPITRE 2 : LES ARTICLES

2 Déterminez le genre des mots en le déduisant des articles.
Exemple : de Parfum/e Parfum -> masculin

a. d'Gebai/e Gebai (*l'immeuble*)
b. d'Strooss/eng Strooss (*la rue*)
c. de Jong/e Jong (*le garçon*)
d. den Hond/en Hond (*le chien*)
e. d'Buch/e Buch (*le livre*)
f. d'Hiem/en Hiem (*la chemise*)
g. de Vëlo/e Vëlo (*le vélo*)
h. de Schong/e Schong (*la chaussure*)
i. d'Kleed/e Kleed (*la robe*)
j. d'Jupe/eng Jupe (*la jupe*)
k. d'Kaz/eng Kaz (*le chat*)

Quelques généralités sur les genres

- En général, le masculin regroupe tous les êtres de sexe masculin, les lettres, la plupart des arbres, les saisons à l'exception du printemps (**d'Fréijoer** [n.]), les points cardinaux, les mois, les jours de la semaine, les moments de la journée à l'exception de la nuit (**d'Nuecht** [f.]). Beaucoup de noms se terminant en **-o** sont masculins. La lune est au masculin en luxembourgeois (**de Mound**), alors que le soleil est au féminin (**d'Sonn**).

- Le féminin regroupe les êtres de sexe féminin, à l'exception de **Meedchen** ([n.], *fille*, (qui est grammaticalement neutre), les chiffres, la plupart des fleurs, des fruits et des légumes, ainsi que les substantifs qui se terminent en **-ei**, **-heet**, **-keet**, **-schaft**, **-ung** et **-in** (suffixe qu'on ajoute d'ailleurs souvent pour transformer un nom masculin en féminin).

- Le neutre regroupe les êtres jeunes, beaucoup de substantifs généralisants (qui sont souvent au pluriel en français) comme **Gezei** (*vêtements*), **Gedrénks** (*boissons*), les verbes substantivés (**d'Léieren** : *le fait d'apprendre*) et la plupart des pays (il n'y a alors pas d'article devant le nom).

3 Expliquez le genre de ces mots.
Exemple : de Méindeg (*le lundi*) masculin, car jour de la semaine

a. den Norden (*le nord*)
b. d'Rous (*la rose*)
c. d'Bäckerei (*la boulangerie*)
d. de Mëtteg (*le midi*)
e. d'Kallef (*le veau*)
f. d'Kucken (*le fait de regarder*)
g. de Wanter (*l'hiver*)
h. den Dezember (*le mois de décembre*)
i. den Auto (*la voiture*)

CHAPITRE 2 : LES ARTICLES

4 Classez les substantifs suivants dans le tableau.

- *Mamm* (mère)
- *M* (la lettre M)
- *62* (zweeasiechzeg)
- *Brudder* (frère)
- *Summer* (été)
- *Zeitung* (journal)
- *Iessen* (le fait de manger, repas)
- *Kino* (cinéma)
- *Owend* (soir)
- *Freideg* (vendredi)
- *Kand* (enfant)

den (deen) ou: de (dee)	d' (déi)	d' (dat)

La déclinaison des adjectifs

- Les adjectifs qui précèdent les noms sont déclinés ; ils changent donc de terminaison suivant le genre des noms, mais peu importe l'article qu'ils suivent au nominatif et à l'accusatif. Au masculin, on ajoute **-en** ou **-e**, au neutre on ajoute **-t** ; au féminin et au pluriel nominatif et accusatif, l'adjectif ne prend pas de terminaison.

- Les adjectifs épithètes précèdent toujours les substantifs.
  – Masculin singulier : **De/E jonke Mann** (*le/un jeune homme*)
  – Féminin singulier : **Déi/Eng jonk Frau** (*la/une jeune femme*)
  – Neutre singulier : **Dat/E jonkt Kand** (*le/un jeune enfant*)
  – Neutre pluriel : **Déi jonk Leit/Jonk Leit** (*les/des jeunes gens*)

- Les adjectifs attributs sont toujours invariables.
  – Masculin : **De Mann ass jonk** (*l'homme est jeune*)
  – Pluriel : **D'Leit si jonk** (*les gens sont jeunes*)

CHAPITRE 2 : LES ARTICLES

5 Complétez avec les articles indéfinis et les terminaisons des adjectifs.
Le genre des mots est indiqué entre parenthèses.
Exemple : .... al .... Gare [f.] (*une vieille gare*) → Eng al Gare

a. .... nei .... **Tram** [m.] (*un nouveau tram*)

b. .... schéin .... **Buch** [n.] (*un beau livre*)

c. .... grouss .... **Dësch** [m.] (*une grande table*)

d. .... kleng .... **Stull** [m.] (*une petite chaise*)

e. .... deier .... **Haus** [n.] (*une maison chère*)

f. .... al .... **Vëlo** [m.] (*un vieux vélo*)

g. .... modern .... **Posch** [f.] (*un sac moderne*)

h. .... breet .... **Strooss** [f.] (*une rue large*)

i. .... kleng .... **Hond** [m.] (*un petit chien*)

j. .... léif .... **Kaz** [f.] (*un gentil chat*)

6 Trouvez le singulier correspondant et ajoutez un adjectif.
Exemple : Haiser → en deiert Haus

a. **Bicher** (*livres*) → ....

b. **Fraen** (*femmes*) → ....

c. **Stroossen** (*rues*) → ....

d. **Kazen** (*chats*) → ....

e. **Vëloen** (*vélos*) → ....

f. **Poschen** (*sacs*) → ....

g. **Männer** (*hommes*) → ....

h. **Hënn** (*chiens*) → ....

i. **Kanner** (*enfants*) → ....

CHAPITRE 2 : LES ARTICLES

En luxembourgeois, le prénom est toujours précédé de l'article défini **den** ou **de**, sauf après les expressions comme **Ech heeschen ...** (*Je m'appelle*) ou **Mäin Numm ass ...** (*Mon nom est*), que l'on peut évidemment décliner pour tous les pronoms personnels.

7 Ajoutez l'article <u>de(n)</u> ou <u>d'</u> suivant qu'il s'agit d'un nom de garçon ou de fille.

a. .... Paul
b. .... Luca
c. .... Kim
d. .... Leo
e. .... Andrea
f. .... Metti
g. .... Tun
h. .... Kätti
i. .... Gil
j. .... Jeanne

Certains prénoms luxembourgeois sont dérivés de prénoms français.

Quels prénoms français reconnaissez-vous dans les prénoms luxembourgeois suivants ?

Jang - Metti - Heng - Tun - Kätti - Tréis - Jemp - Änder

Réponse : Jang ➜ Jean, Metti ➜ Mathieu ou Mathias, Heng ➜ Henri, Tun ➜ Antoine, Kätti ➜ Catherine, Tréis ➜ Thérèse, Jemp ➜ Jean-Pierre ou Jean-Paul, Änder ➜ André ou Andrée

Les pronoms interrogatifs au nominatif et à l'accusatif

Pour poser les questions *Qui ?* ou *Quoi ?*, c'est-à-dire se renseigner sur le sujet ou l'objet direct, on emploie les tournures suivantes :

Wien? (*Qui ?*) ou **Wat?** (*Quoi, Qu'est-ce que ?*)

Wien ass dat? (*Qui est-ce ?*) ; **Wat ass dat?** (*Qu'est-ce que c'est ?*)

Wie kenns du? (*Qui connais-tu ?*) ; **Wat drénks du?** (*Que bois-tu ?*)

CHAPITRE 2 : LES ARTICLES

8 Complétez par *Wien? Wat? Wie?*

a. .... ass dat? En neien Auto.

b. .... ass dat? De Pierre Perreira.

c. .... drénks du? E Kaffi.

d. .... drénkt e Kaffi? De Paul.

e. .... wunnt an der Stad (*habite en ville*)? D'Catherine an de Luc.

Les mots composés

- En luxembourgeois, il y a beaucoup de mots composés par deux ou plusieurs substantifs. Ainsi, au lieu de dire *une porte de maison*, on dit **eng Hausdier** (**en Haus** = *maison*, **eng Dier** = *porte*). Le dernier nom est toujours déterminant et le mot prend le genre de ce dernier nom ; dans notre exemple, c'est le féminin.

- **À noter** : il faut aussi appliquer la règle du -n pour les mots composés.
  – **Wäin + Glas = Wäiglas** (*verre à vin*)

9 Formez les mots composés suivants et ajoutez l'article suivant leur genre.

a. table de cuisine
   → ....

b. imperméable (manteau de pluie)
   → ....

c. livre pour enfants
   → ....

d. lunettes de soleil
   → ....

e. chaussure pour homme
   → ....

Banque de mots
Brëll [m.] (*lunettes*)
Buch [n.] (*livre*)
Dësch [m.] (*table*)
Hären [pl.] (*hommes*)
Kanner [pl.] (*enfants*)
Kichen [f.] (*cuisine*)
Mantel [m.] (*manteau*)
Reen [m.] (*pluie*)
Sonn [f.] (*soleil*)
Schong [m.] (*chaussure*)

Bravo, vous êtes venu(e) à bout du chapitre 2 ! Il est maintenant temps de comptabiliser les icônes et de reporter le résultat en page 128 pour l'évaluation finale.

3
Le pluriel des substantifs

Généralités sur le pluriel

- Il n'y a pas de règle générale pour former le pluriel des substantifs. La terminaison la plus fréquemment utilisée pour former le pluriel est **-en**, quel que soit le genre des mots, mais rarement pour les noms neutres.

    – **Af** [m.] (*singe*) → **Afen**

    – **Apdikt** [f.] (*pharmacie*) → **Apdikten**

    – **Messer** [n.] (*couteau*) → **Messeren**

- Les mots d'origine française ainsi que les emprunts aux autres langues forment leur pluriel en général avec la terminaison **-en**.

    – **Client** → **Clienten**

    – **Poubelle** → **Poubellen**

- Les noms féminins se terminant en **-in** forment le pluriel en ajoutant **-nen**.

    – **Musikerin** (*musicienne*) → **Musikerinnen**

- Une autre forme assez fréquente du pluriel est la terminaison **-er**, que l'on rencontre souvent pour les noms masculins et neutres, mais jamais pour les noms féminins.

    – **Dësch** [m.] (*table*) → **Dëscher**

❶ Sachant que les noms suivants forment leur pluriel en ajoutant la terminaison -en, indiquez leur pluriel.

a. **Dier** [f.] (*porte*) → ....

b. **Fra** [f.] (*femme*) → ....

c. **Här** [m.] (*monsieur*) → ....

d. **Tut** [f.] (*sachet*) → ....

e. **Läffel** [m.] (*cuillère*) → ....

CHAPITRE 3 : LE PLURIEL DES SUBSTANTIFS

2 Sachant que les noms suivants forment leur pluriel en ajoutant la terminaison -er, indiquez leur pluriel.

a. **Dësch** [m.] (*table*)
→ ....

b. **Moment** [m.] (*moment*)
→ ....

c. **Häerz** [n.] (*cœur*)
→ ....

d. **Kräiz** [n.] (*croix*)
→ ....

e. **Problem** [m.] ou [n.] (*problème*)
→ ....

Particularités

- Certains mots sont invariables au pluriel ; il s'agit de mots formés d'une seule syllabe, de noms masculins se terminant en -**er** et désignant des nationalités, ou de mots se terminant en -**en** au singulier.
  – **Fësch** [m.] (*poisson*)
  – **Schong** [m.] (*chaussure*)
  – **Decken** [f.] (*couverture*)

- Le pluriel se fait aussi par :
  – un changement de voyelle comme **Stull** → **Still** [m.] (*chaise*), ou un changement de la voyelle en Umlaut comme **Angscht** → **Ängscht** [f.] (*peur*) ;
  – un changement de voyelle et un ajout de terminaison : **Buch** → **Bicher** [n.] (*livre*) ;
  – un changement de voyelle et de consonne : **Hond** → **Hënn** [m.] (*chien*) ;
  – un changement de voyelle, de consonne et un ajout de terminaison : **Band** → **Bänner** [n.] (*ruban*).

CHAPITRE 3 : LE PLURIEL DES SUBSTANTIFS

3. Reliez les singuliers aux pluriels des noms suivants.

a. **Apel** (*pomme*) ☐   ☐ Tier
b. **Bic** (*stylo bille*) ☐   ☐ Blieder
c. **Blat** (*feuille*) ☐   ☐ Hefter
d. **Blumm** (*fleur*) ☐   ☐ Classeuren
e. **Classeur** (*classeur*) ☐   ☐ Blummen
f. **Dokter** (*médecin*) ☐   ☐ Bicker
g. **Fouss** (*pied*) ☐   ☐ Strëmp
h. **Frënd** (*ami*) ☐   ☐ Männer
i. **Frëndin** (*amie*) ☐   ☐ Äppel
j. **Heft** (*cahier*) ☐   ☐ Frënn
k. **Mann** (*homme*) ☐   ☐ Dokteren
l. **Numm** (*nom*) ☐   ☐ Frëndinnen
m. **Päerd** (*cheval*) ☐   ☐ Nimm
n. **Strëmp** (*chaussette*) ☐   ☐ Päerd
o. **Tour** (*tour*) ☐   ☐ Féiss

4. Cherchez huit mots au pluriel dans le tableau ci-dessous.

```
L Z H Y O X Q P V D B B
S I I Z Z D I E R E N Z
O Z C E D S M S U H Z S
A F R Ë N D I N N E N C
K L Z R K O P A D L D H
E M H W M U V M T K P O
L A V Ë O H O O B H N N
J U J G N J A T R J E G
K T B X A N C I B L U F
F O X C S R Y E S K E I
Q E G X E V Z M E E N J
S N O D K K A N N E R Y
```

Pour vous aider, voici les traductions des mots à trouver :

chiens, voitures, portes, chaussures, enfants, amies, maisons, pneus

CHAPITRE 3 : LE PLURIEL DES SUBSTANTIFS

5 Insérez les singuliers des mots suivants dans la grille ci-dessous.

Verticalement

Luuchten (*lampes*)
Dëscher (*tables*)
Fraen (*femmes*)
Mais (*souris*)

Horizontalement

Haiser (*maisons*)
Dänzerinnen (*danseuses*)
Bicher (*livres*)
Fësch (*poissons*)
Computeren (*ordinateurs*)
Still (*chaises*)

Les chiffres cardinaux de 0 à 10

0	null	[noul]
1	eent	[é:'nt]
2	zwee	[tsoué]
3	dräi	[drèy]
4	véier	[féy^a]
5	fënnef	[fœ'nœf]
6	sechs	[zèks]
7	siwen	[zi:vœ'n]
8	aacht	[a:rHt]
9	néng	[né'n^g]
10	zéng	[tsé'n^g]

- Lorsque l'on compte, on dit : **een Auto** (*une voiture*), **eng Dier** (*une porte*), **een Hiem** (*une chemise*), le chiffre **1** étant **een** pour le masculin et le neutre, **eng** pour le féminin (et donc identique à l'article indéfini).

- Pour le chiffre **2**, il existe une forme masculine/neutre (**zwee**) et une forme féminine (**zwou**).

CHAPITRE 3 : LE PLURIEL DES SUBSTANTIFS

6 **Dénombrez 1 et 2 (en toutes lettres).**
Exemple : Dier [f.] → eng Dier/zwou Dieren

a. .... Schong [m.]   .... Schong
b. .... Mann [m.]   .... Männer
c. .... Fra [f.]   .... Fraen
d. .... Taass [f.]   .... Tasen
e. .... Hand [f.]   .... Hänn
f. .... Buch [n.]   .... Bicher
g. .... Kaz [f.]   .... Kazen
h. .... Kaffi [m.]   .... Kaffien

7 **Écrivez les chiffres, en toutes lettres, ainsi que le pluriel des illustrations.**
Exemple : 4 🪑 → véier Still

Bravo, vous êtes venu(e) à bout du chapitre 3 ! Il est maintenant temps de comptabiliser les icônes et de reporter le résultat en page 128 pour l'évaluation finale.

4 Les nombres cardinaux et l'heure

L'écriture des chiffres

- Les chiffres s'écrivent attachés jusqu'à 999 999 (**nénghonnertnéngannonzegdausendnénghonnertnéngannonzeg**).
- De 0 à 12, il faut mémoriser les noms des chiffres.
- De 13 à 19, on prend comme base les unités, qui peuvent légèrement changer : **fof-** au lieu de **fënnef**, **siech-** (ou **sech-**) au lieu de **sechs**, **siwwen-** au lieu de **siwen**, **uech-** (ou **ach-**) au lieu de **aacht**, **non-** au lieu de **néng**, et on ajoute **-zéng**.
- Pour les dizaines de 40 à 90, on prend les bases, puis on ajoute **-zeg**.
- Pour les nombres de 20 à 99, on dit d'abord les unités, ensuite les dizaines, et on intercale **a(n)** ; par exemple : 47 = 7 + 40 = **siwenavéierzeg**.

0	null	[noul]	19	nonzéng	[nô'ntsé'nᶢ]
1	eent	[é:'nt]	20	zwanzeg	[tswa'ntsécH]
2	zwee [m.] ou [n.]/zwou [f.]	[tswé:] [tswôou]	21	eenanzwanzeg	[é:'na'ntsva'ntsécH]
3	dräi	[drè:i]	22	zweeanzwanzeg	[tswé:a'ntsva'ntsécH]
4	véier	[féyᵃ]	30	drësseg	[drœ'sécH]
5	fënnef	[fœ'nœf]	40	véierzeg	[veyᵃtsécH]
6	sechs	[zèks]	50	fofzeg	[fôfzécH]
7	siwen	[zi:vœ'n]	60	siechzeg	[ziœcHtsécH]
8	aacht	[a:rHt]	70	siwwenzeg	[zi:vœ'ntsécH]
9	néng	[né'nᶢ]	80	uechtzeg, achtzeg	[ouœcHtsécH, arHtsécH]
10	zéng	[tsé'nᶢ]	90	nonzeg	[nô'ntsécH]
11	eelef	[é:lœf]	100	honnert	[Hô'nᵃt]
12	zwielef	[tswiœlœf]	200	zweehonnert	[tswé:Hô'nᵃt]
13	dräizéng	[drè:itsé'nᶢ]	1 000	dausend	[daouzœ'nt]
14	véierzéng	[féyᵃtsé'nᶢ]	10 000	zéngdausend	[tsé'nᶢdaouzœ'nt]
15	fofzéng	[fôftsé'nᶢ]	100 000	honnertdausend	[Hô'nᵃtdaouzœ'nt]
16	siechzéng	[ziœcHtsé'nᶢ]	1 000 000	eng Millioun	[è'nᶢ miljôou'n]
17	siwwenzéng	[zi:vœ'ntsé'nᶢ]	2 000 000	zwou Milliounen	[tswôou miljôou'nœ'n]
18	uechtzéng	[ouœcHtsé'nᶢ]			

CHAPITRE 4 : LES NOMBRES CARDINAUX ET L'HEURE

1 On peut demander l'âge d'une personne en disant « Wéi al sidd Dir? ». Répondez en écrivant l'âge en toutes lettres et en utilisant la formule « Ech hu(nn) ... Joer » (*J'ai... ans*).
Exemple : 63 → Ech hunn dräiasiechzeg Joer.

a. **36** → Ech hu(nn) .... Joer.

b. **52** → .... Joer.

c. **45** → .... Joer.

d. **87** → .... Joer.

e. **24** → .... Joer.

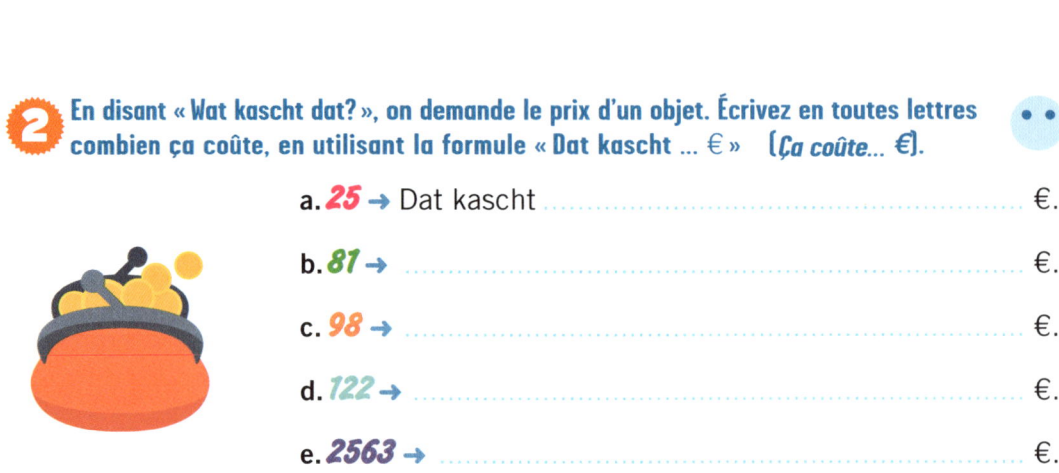

2 En disant « Wat kascht dat? », on demande le prix d'un objet. Écrivez en toutes lettres combien ça coûte, en utilisant la formule « Dat kascht ... € » (*Ça coûte... €*).

a. **25** → Dat kascht .... €.

b. **81** → .... €.

c. **98** → .... €.

d. **122** → .... €.

e. **2563** → .... €.

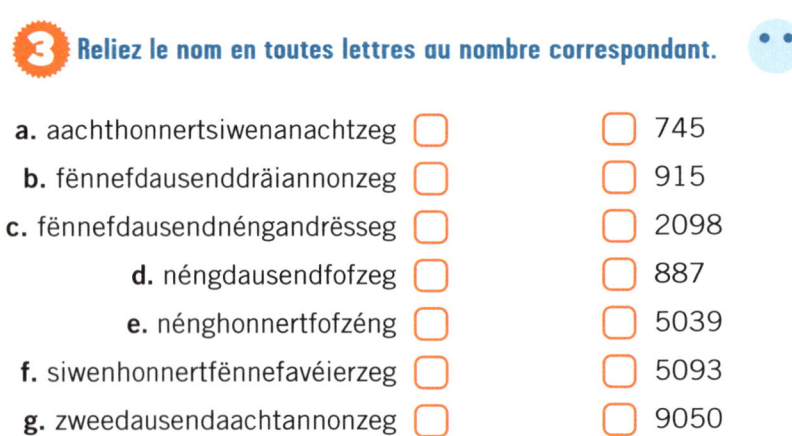

3 Reliez le nom en toutes lettres au nombre correspondant.

a. aachthonnertsiwenanachtzeg ☐   ☐ 745
b. fënnefdausenddräiannonzeg ☐   ☐ 915
c. fënnefdausendnéngandrësseg ☐   ☐ 2098
d. néngdausendfofzeg ☐   ☐ 887
e. nénghonnertfofzéng ☐   ☐ 5039
f. siwenhonnertfënnefavéierzeg ☐   ☐ 5093
g. zweedausendaachtannonzeg ☐   ☐ 9050

CHAPITRE 4 : LES NOMBRES CARDINAUX ET L'HEURE

Symboles des opérations

+ plus   **−** minus   **×** mol   **:** gedeelt duerch   **=** ass

Par exemple : 1 + 1 = 2 → eent plus eent ass zwee

4. Écrivez le résultat en chiffres.
Exemple : véier plus véier ass → 8

a. siwwenzéng minus fënnef ass → ....

b. dräianzwanzeg plus zweeanzwanzeg ass → ....

c. uechtzéng mol zwee ass → ....

d. fënnefavéierzeg gedeelt duerch néng ass → ....

e. siwenannonzeg minus siwwenzéng ass → ....

f. siwwenzeg mol dräi ass → ....

L'heure

• Pour demander l'heure, on pose la question : **Wéi vill Auer ass et?** (littéralement : *Combien d'heure est-il ?*) ou **Wéi spéit ass et?** (littéralement : *Combien tard est-il ?*)

La réponse est : **Et ass … Auer** (*Il est… heures*) pour les heures entières ; on compte seulement jusqu'à 12.

Auer étant un nom féminin, il faut dire : **Et ass eng** (*une*) **Auer**, **et ass zwou** (*deux*) **Auer**.

• Si le contexte ne permet pas de savoir de quel moment de la journée on parle (par exemple si **Et ass dräi Auer** signifie *trois heures du matin/de la nuit* ou *de l'après-midi*), il faut ajouter **moies** (*le/du matin*), **nomëttes** (*de l'après-midi*), **owes** (*le/du soir*) ou **nuets** (*de la nuit*).

– **Den Zuch fiert um 10 Auer moies.** (*Le train part à 10 heures du matin.*)

– **Den Zuch fiert um 10 Auer owes.** (*Le train part à 10 heures du soir* [*à 22 heures*].)

• **Et ass Mëtteg** (*midi*), **et ass Hallefnuecht** ou **Mëtternuecht** (*minuit*) s'emploient pour les heures entières.

CHAPITRE 4 : LES NOMBRES CARDINAUX ET L'HEURE

5 Indiquez l'heure jusqu'à 12 en précisant le moment de la journée.
Exemple : Il est 2 heures → Et ass zwou Auer nuets.

a. Il est 8 heures. → ....

b. Il est 17 heures. → ....

c. Il est 21 heures. → ....

d. Il est 4 heures. → ....

e. Il est 12 heures. → ....

- **Auer** est seulement utilisé pour indiquer les heures entières. Pour indiquer l'heure jusqu'à la demie, on dit **op** ; après la demie, on dit **vir** ou **bis** ; les minutes sont dites avant les heures.
  – **20 op 10** (*10 h 20*) → zwanzeg op zéng – **20 vir 11** (*10 h 40*) → zwanzeg vir eelef

- La demie se dit **hallwer**, mais attention, on indique l'heure à venir :
  10 h 30 se dit **hallwer 11**.

- Autour de la demie, les choses se compliquent :
  – **fënnef vir hallwer** (*10 h 25*) – **fënnef op hallwer** (*10 h 35*) – **Véierel** est *le quart*.

- **À noter** : pour indiquer l'heure officielle, on procède comme en français :
  – **Et ass zéng Auer dräianzwanzeg.** (*Il est 10 h 23* [*dix heures vingt-trois*].)

  Le plus facile, c'est d'apprendre les horaires par cœur !

10 h 00	zéng Auer	**10 h 25**	fënnef vir hallwer 11	**10 h 50**	zéng vir 11
10 h 05	fënnef op 10	**10 h 30**	hallwer 11	**10 h 55**	fënnef vir 11
10 h 10	zéng op 10	**10 h 35**	fënnef op hallwer 11	**11 h 00**	eelef Auer
10 h 15	Véierel op 10	**10 h 40**	zwanzeg vir 11		
10 h 20	zwanzeg op 10	**10 h 45**	Véierel vir 11		

6 Indiquez l'heure digitale.
Exemple : Et ass hallwer aacht moies. → 7 h 30

a. Et ass Véierel vir néng owes. → ......

d. Et ass zéng op siwen owes. → ......

b. Et ass fënnef op zwielef mëttes. → ......

e. Et ass fënnef vir hallwer néng moies.

c. Et ass zwanzeg op zwou nuets. → ......  → ......

CHAPITRE 4 : LES NOMBRES CARDINAUX ET L'HEURE

7 Cochez la bonne réponse.

a. **10 h 40**
☐ zwanzeg vir eelef
☐ zwanzeg vir zéng

b. **13 h 25**
☐ fënnef vir hallwer zwou
☐ fënnef op hallwer zwou

c. **0 h 00**
☐ Mëtteg
☐ Mëtternuecht

d. **8 h 20**
☐ zwanzeg op aacht owes
☐ zwanzeg op aacht moies

e. **17 h 30**
☐ hallwer 6
☐ hallwer 5

8 Écrivez les heures en toutes lettres et en indiquant de quel moment de la journée il s'agit.
Exemple : 16 h 20 → zwanzeg op véier nomëttes

a. 5 h 30
→ ....

b. 18 h 35
→ ....

c. 13 h 50
→ ....

d. 10 h 15
→ ....

e. 23 h 30
→ ....

f. 9 h 40
→ ....

g. 16 h 55
→ ....

9 Écrivez les heures en toutes lettres. Exemple : Den Zuch fiert um 10:21... (*Le train part à...*)
→ Den Zuch fiert um zéng Auer eenanzwanzeg.

Den Zuch fiert
a. um 13:06
→ ....

b. um 21:24
→ ....

c. um 15:05
→ ....

d. um 22:08
→ ....

e. um 8:57
→ ....

f. um 11:39
→ ....

Bravo, vous êtes venu(e) à bout du chapitre 4 ! Il est maintenant temps de comptabiliser les icônes et de reporter le résultat en page 128 pour l'évaluation finale.

5 Les pronoms personnels

- Au singulier, on distingue les pronoms personnels **ech, du, hien/si/hatt**.

  L'emploi de **ech, du** et **mir** est le même qu'en français pour *je, tu* et *nous*. À la troisième personne du singulier, nous distinguons trois pronoms différents : **hien** pour le masculin, **si** pour le féminin, **hatt** pour le neutre, notamment lorsque l'on parle d'une (jeune) fille ou d'une femme qu'on désigne par son prénom.

  Ainsi on dira : **Dat ass d'Madamm Keller. Si wunnt an der Stad.** (*C'est Mme Keller. Elle habite à Luxembourg-ville.*) Mais : **Dat ass d'Lydie. Hatt wunnt an der Stad.** (*C'est Lydie. Elle habite à Luxembourg-ville.*)

- Au pluriel, on distingue les pronoms personnels **mir, Dir/dir, si**.

  Pour le vouvoiement, on utilise **Dir** (avec une majuscule) ;
  le tutoiement collectif s'exprime par **dir**.

  On ne distingue pas les genres ; le pronom est **si** comme le pronom féminin singulier, mais la conjugaison change.

  – **Dat sinn den Här an d'Madamm Keller. Si wunnen an der Stad.** (*Ce sont Monsieur et Madame Keller. Ils habitent à Luxembourg-ville.*)

- Les pronoms personnels de la troisième personne du singulier **hien** et **hatt** ne s'appliquent que pour des personnes. Lorsqu'il s'agit d'objets, il faut utiliser **en** et **et**.

❶ Rayez ce qui est faux et corrigez-le le cas échéant.

a. D'Buch ass nei. Hatt kascht 20 €. (*Il coûte 20 €.*)

b. D'Haus ass schéin. Et ass och deier.

c. D'Madamm Schmit wunnt an der Stad. Hatt schafft op enger Bank.
   (*Elle travaille dans une banque.*)

d. Den Här an d'Madamm Ewan sinn Amerikaner. Dir wunnt zu New York.

e. De Paul ass Lëtzebuerger. Hatt ass Architekt.

f. Ech hunn en neien Auto. Hien ass immens flott.

CHAPITRE 5 : LES PRONOMS PERSONNELS

 Complétez les phrases avec le pronom personnel adéquat.

a. .... **wunnen an der Stad.** (*Nous habitons en ville.*)

b. .... **sinn Amerikaner.** (*Ils sont américains.*)

c. **D'Léa ass krank.** .... **bleift haut doheem.**
(*Léa est malade. Elle reste à la maison aujourd'hui.*)

d. .... **wunnt zu Paräis.** (*Il habite à Paris.*)

e. .... **bleiwen haut doheem.** (*Elles restent à la maison aujourd'hui.*)

f. **Madamm Gales,** .... **hutt muer e Rendez-vous.**
(*Madame Gales, vous avez un rendez-vous demain.*)

g. **Kanner,** .... **kënnt elo kommen!** (*Les enfants, vous pouvez venir maintenant !*)

h. **D'Madamm Braun ass net do,** .... **ass am Ausland.**
(*Mme Braun n'est pas là, elle est à l'étranger.*)

La conjugaison des verbes hunn (avoir) et sinn (être) au présent

hunn	sinn
ech hunn	ech sinn
du hues	du bass
hien/si/hatt huet	hien/si/hatt ass
mir hunn	mir sinn
Dir/dir hutt	Dir/dir sidd
si hunn	si sinn

Banque de mots

Mann [m.] (*homme*)
Fra [f.] (*femme*)
Meedchen [n.] (*fille*)
Jong [m.] (*garçon*)
Här [m.] (*monsieur*)
Madamm [f.] (*madame*)
Auto [m.] (*voiture*)
Buch [n.] (*livre*)
Haus [n.] (*maison*)
deier (*cher*)
flott (*bien, chouette*)
nei (*nouveau/neuf*)
schéin (*beau*)

CHAPITRE 5 : LES PRONOMS PERSONNELS

Demander l'âge

- Pour demander l'âge d'une personne, on peut employer la tournure suivante :
Wéi al bass du? (littéralement : *Comment âgé es-tu ?*) ou
Wéi al sidd Dir ? (littéralement : *Comment âgé êtes-vous ?*)
et on répond **Ech hunn… Joer.** (*J'ai… ans.*)

3 Complétez en conjuguant les verbes <u>hunn</u> ou <u>sinn</u>.

a. .... Dir vu Lëtzebuerg? Jo, ech .... e Lëtzebuerger Pass (*passeport*).

b. Wéi al .... de Paul? Hien .... zwanzeg Joer.

c. Wou .... mir hei? Mir .... an der Bibliothéik.

d. .... du e Buch? Ech .... zwee Bicher.

Tutoiement et vouvoiement

Les règles d'usage concernant le tutoiement et le vouvoiement sont les mêmes en luxembourgeois et en français. Le pronom personnel à la deuxième personne du pluriel est utilisé comme le pronom *vous* en français. Toutefois, il s'écrit avec une majuscule s'il s'agit de la forme de politesse.

4 Cochez les bonnes cases du tableau.

	vouvoiement formel	tutoiement simple	tutoiement collectif
Wunnt Dir an der Stad?			
Hues du Zäit?			
Wat schafft Dir?			
Kommt dir mat an de Kino?			
Wéi al bass du?			

Bravo, vous êtes venu(e) à bout du chapitre 5 ! Il est maintenant temps de comptabiliser les icônes et de reporter le résultat en page 128 pour l'évaluation finale.

6
Les verbes réguliers au présent de l'indicatif

Conjugaison

On retrouve un paradigme de conjugaison assez régulier en ce qui concerne les terminaisons.

- L'infinitif est, pour la plupart des verbes, identique à la conjugaison de la première personne du singulier (**ech**) et de la première (**mir**) et troisième (**si**) personnes du pluriel.

- La deuxième personne du singulier (**du**) prend la terminaison -**s** (sauf si le radical se termine par -s ou -z).

- La deuxième personne du pluriel (**Dir/dir**) et la troisième personne du singulier (**hien/si/hatt**) prennent la terminaison -**t**.

- Les terminaisons se rattachent au radical du verbe. Il n'y a pas de changement vocalique dans le radical (exception faite des verbes irréguliers, que nous verrons dans le chapitre suivant).

Paradigme du verbe régulier kucken (*regarder*)

kuck-**en**
ech kuck-**en**
du kuck-**s**
hien/si/hatt kuck-**t**
mir kucke-**en**
Dir/dir kuck-**t**
si kuck-**en**

❶ Conjuguez les verbes wunnen (*habiter*), **heeschen** (*s'appeler*), **schwätzen** (*parler*) suivant le modèle ci-dessus.

	wunnen	heeschen	schwätzen
ech			
du			
hien/si/hatt			
mir			
Dir/dir			
si			

CHAPITRE 6 : LES VERBES RÉGULIERS AU PRÉSENT DE L'INDICATIF

Banque de mots
Voici quelques verbes réguliers très courants :

drénken (*boire*)	**lauschteren** (*écouter*)	**schwätzen** (*parler*)
heeschen (*s'appeler*)	**léieren** (*apprendre*)	**sichen** (*chercher*)
kachen (*cuisiner*)	**liesen** (*lire*)	**spillen** (*jouer*)
kucken (*regarder*)	**schaffen** (*travailler*)	**wunnen** (*habiter*)

2 Traduisez les verbes réguliers suivants.

a. Nous lisons
→ ....

b. Vous habitez
→ ....

c. Tu t'appelles
→ ....

d. Il parle
→ ....

e. Ils cherchent
→ ....

f. ELLE BOIT
→ ....

g. Je travaille
→ ....

h. Nous regardons
→ ....

i. ELLES ÉCOUTENT
→ ....

j. Tu apprends
→ ....

CHAPITRE 6 : LES VERBES RÉGULIERS AU PRÉSENT DE L'INDICATIF

3 Conjuguez les verbes et insérez-les dans la grille.

Verticalement

a. heeschen (dir)
b. lauschteren (ech)
c. schwätzen (du)
d. sichen (mir)
e. drénken (si, singulier)

Horizontalement

1. schaffen (Dir)
2. kucken (du)
3. wunnen (hatt)
4. kachen (mir)
5. invitéieren (si, pluriel)

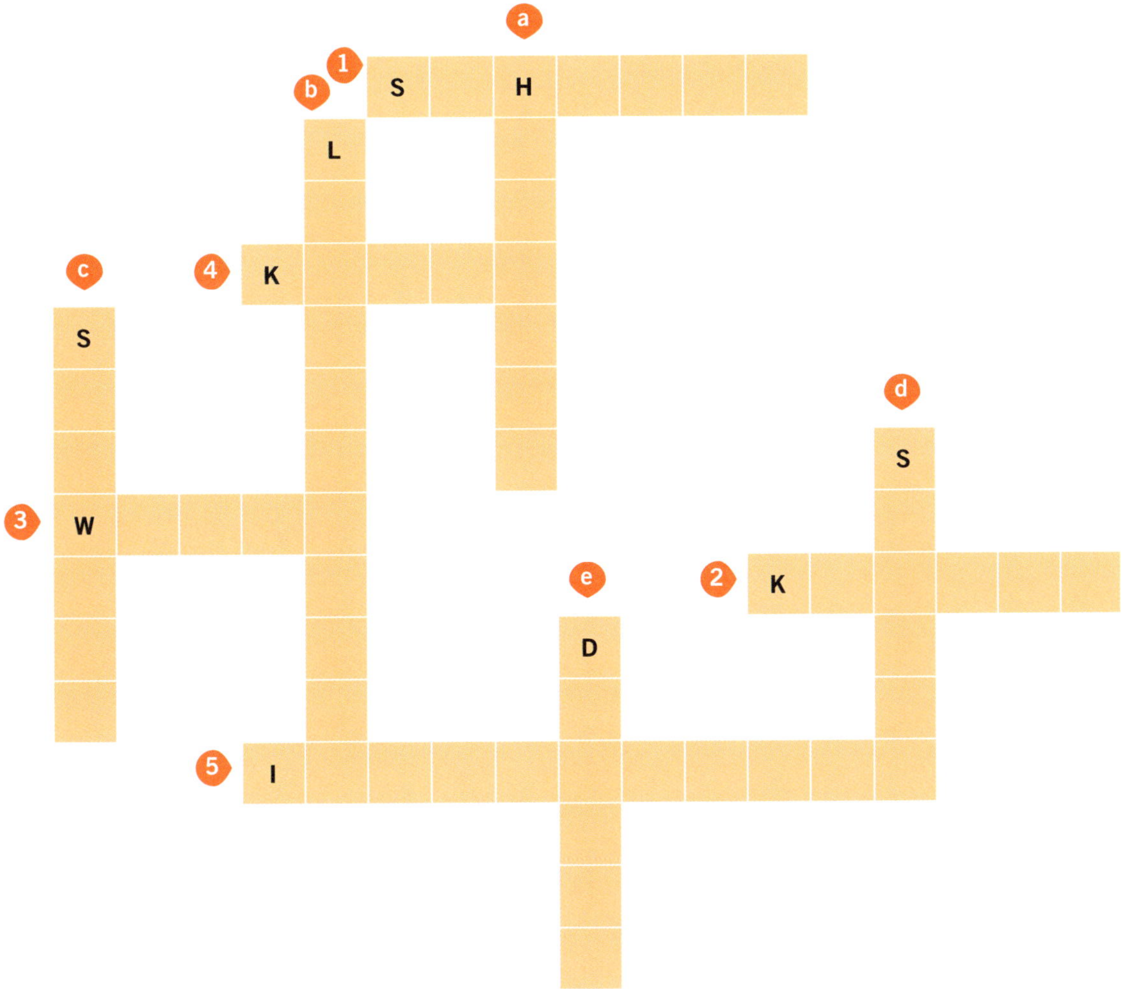

CHAPITRE 6 : LES VERBES RÉGULIERS AU PRÉSENT DE L'INDICATIF

4 Complétez le tableau de conjugaison suivant.

	sichen	spillen	liesen	léieren
ech	sichen			
du				léiers
hien/si/hatt		spillt	liest	
mir	sichen			
Dir/dir				léiert
si		spillen	liesen	

5 Répondez aux questions suivantes en employant un verbe conjugué.

a. **Wou wunns du? Ech** .... **zu Paräis.** (*J'habite à Paris.*)

b. **Wat drénkt dir? Mir** .... **Waasser.** (*Nous buvons de l'eau.*)

c. **Wat kacht dir? Mir** .... **eng Zopp.** (*Nous préparons une soupe.*)

d. **Wat kucke si? Si** .... **d'Tëlee.** (*Ils/Elles regardent la télé.*)

e. **Wat sicht hien? Hie** .... **säi Brëll.** (*Il cherche ses lunettes.*)

f. **Wat spills du? Ech** .... **Gittar.** (*Je joue de la guitare.*)

g. **Wat liest dir an der Klass? Mir** .... ***Madame Bovary* vum Flaubert.**
(*Nous lisons* Madame Bovary *de Flaubert.*)

CHAPITRE 6 : LES VERBES RÉGULIERS AU PRÉSENT DE L'INDICATIF

6 Complétez les phrases suivantes avec le verbe <u>schwätzen</u> conjugué correctement.

a. Ech .... Franséisch, ech komme vu Lyon.

b. D'Madamm Schmidt .... Däitsch, si kënnt vu Berlin.

c. Mir .... Englesch, mir komme vu Manchester.

d. D'Fatma .... Arabesch, hatt kënnt vun Alger.

e. De Claas .... Hollännesch, hie kënnt vu Rotterdam.

f. Ech .... Portugisesch, ech komme vu Faro.

g. Du .... Spuenesch, du kënns vu Valencia.

h. Hatt .... Ungaresch, hatt kënnt vu Budapest.

7 Cochez le (ou les) pronom(s) personnel(s) qui correspond(ent) au verbe conjugué.

	ech	du	hien/si/hatt	mir	Dir/dir	si
léieren	☐	☐	☐	☐	☐	☐
kuckt	☐	☐	☐	☐	☐	☐
lies	☐	☐	☐	☐	☐	☐
wunnt	☐	☐	☐	☐	☐	☐
heeschen	☐	☐	☐	☐	☐	☐
kachs	☐	☐	☐	☐	☐	☐

Bravo, vous êtes venu(e) à bout du chapitre 6 ! Il est maintenant temps de comptabiliser les icônes et de reporter le résultat en page 128 pour l'évaluation finale.

Les verbes irréguliers au présent de l'indicatif

Conjugaison

- Il est difficile de classer les verbes luxembourgeois en groupes de conjugaison, ou en verbes forts et faibles. À part quelques exceptions, ils sont irréguliers seulement à la deuxième et la troisième personne du singulier.

- Comme pour les verbes réguliers, on retrouve un paradigme de conjugaison assez régulier en ce qui concerne les terminaisons. L'infinitif est, dans ce cas et pour la plupart des verbes, identique à la conjugaison de la première personne du singulier (**ech**) et de la première (**mir**) et troisième (**si**) personne du pluriel. L'irrégularité se manifeste dans le changement vocalique.

Exemple d'un verbe régulier :
wunnen (*habiter*)

ech wunn-en
du wunn-s
hien/si/hatt wunn-t
mir wunn-en
dir wunn-t
si wunn-en

Exemple d'un verbe irrégulier :
maachen (*faire*)

ech maach-en
du méch-s
hien/si/hatt méch-t
mir maach-en
dir maach-t
si maach-en

Banque de mots

Voici quelques verbes irréguliers très fréquents :

fueren (*aller*)

gesinn (*voir*)

iessen (*manger*)

kafen (*acheter*)

kommen (*venir*)

loossen (*laisser*)

maachen (*faire*)

ruffen (*appeler*)

CHAPITRE 7 : LES VERBES IRRÉGULIERS AU PRÉSENT DE L'INDICATIF

1 Sachant qu'il y a le même changement vocalique pour la deuxième et la troisième personne du singulier, conjuguez les verbes à la personne demandée.

a. **kommen** → du kënns → hie ....
b. **ruffen** → du .... → hie rifft
c. **loossen** → du léiss → hie ....
d. **fueren** → du .... → hie fiert
e. **kafen** → du keefs → hie ....
f. **iessen** → du .... → hien ësst
g. **maachen** → du méchs → hie ....
h. **gesinn** → du .... → hie gesäit

2 Passez du <u>Dir</u> (vouvoiement) au <u>du</u> (tutoiement).
Attention : les verbes ci-dessous ne sont pas tous irréguliers !

a. **Wou wunnt Dir?** (*Où habitez-vous ?*)
→ ....

b. **Fuert Dir mam Auto schaffen?** (*Allez-vous travailler en voiture ?*)
→ ....

c. **Wat fir eng Sprooch schwätzt Dir doheem?** (*Quelle langue parlez-vous à la maison ?*)
→ ....

d. **Kommt Dir aus engem europäesche Land?** (*Êtes-vous originaire d'un pays européen ?*)
→ ....

e. **Wat maacht Dir de Weekend?** (*Que faites-vous le week-end ?*)
→ ....

f. **Iesst Dir och gär Pizza?** (*Aimez-vous aussi la pizza ?*)
→ ....

g. **Wéi dacks gesitt Dir Är Frënn?** (*Combien de fois voyez-vous vos amis ?*)
→ ....

h. **Lauschtert Dir gär Musek?** (*Aimez-vous écouter de la musique ?*)
→ ....

CHAPITRE 7 : LES VERBES IRRÉGULIERS AU PRÉSENT DE L'INDICATIF

3 Associez l'infinitif au verbe conjugué.

1. **droen** (*porter*) ☐   ☐ **a.** du frees
2. **fannen** (*trouver*) ☐   ☐ **b.** hie schléift
3. **froen** (*demander*) ☐   ☐ **c.** du hëls
4. **ginn** (*donner*) ☐   ☐ **d.** hie kritt
5. **huelen** (*prendre*) ☐   ☐ **e.** du séngs
6. **kréien** (*recevoir*) ☐   ☐ **f.** hie seet
7. **sangen** (*chanter*) ☐   ☐ **g.** du verkeefs
8. **schlofen** (*dormir*) ☐   ☐ **h.** hie gëtt
9. **schwammen** (*nager*) ☐   ☐ **i.** du dréis
10. **soen** (*dire*) ☐   ☐ **j.** hie schwëmmt
11. **verkafen** (*vendre*) ☐   ☐ **k.** du fënns

4 Complétez les phrases suivantes en vous aidant des verbes précédemment évoqués.

a. **Wou** .... **du gär?** (*Où aimes-tu nager ?*)

b. **D'Isabelle** .... **de Bus um aacht Auer.**
   (*Isabelle prend le bus à huit heures.*)

c. **Wat** .... **de Proff?** (*Que dit le prof ?*)

d. **D'Carole** .... **mam Auto an d'Vakanz.** (*Carole va en vacances en voiture.*)

e. **D'Jeanne** .... **net vill, hatt huet keen Honger.**
   (*Jeanne ne mange pas beaucoup, elle n'a pas faim.*)

f. **Wat** .... **du de Weekend?** (*Que fais-tu le week-end ?*)

g. **De Paul** .... **an enger Chorale.** (*Paul chante dans une chorale.*)

CHAPITRE 7 : LES VERBES IRRÉGULIERS AU PRÉSENT DE L'INDICATIF

5 À quel(s) pronom(s) personnel(s) correspondent les verbes conjugués ? Cochez les cases correspondantes.

	ech	du	hien/si/hatt	mir	Dir/dir	si (pluriel)
méchs	☐	☐	☐	☐	☐	☐
kënnt	☐	☐	☐	☐	☐	☐
kafen	☐	☐	☐	☐	☐	☐
fiert	☐	☐	☐	☐	☐	☐
ginn	☐	☐	☐	☐	☐	☐
frot	☐	☐	☐	☐	☐	☐
kommen	☐	☐	☐	☐	☐	☐
laaft	☐	☐	☐	☐	☐	☐
gëss	☐	☐	☐	☐	☐	☐
schléift	☐	☐	☐	☐	☐	☐

6 Complétez les phrases ci-dessous avec l'un des verbes suivants :

a. Ech .... gär an d'Schoul.
b. De Pol .... e Kaddo fir säi Gebuertsdag.
c. De Pappa .... en neien Auto.
d. D'Marta .... vill Sport.
e. Hatt .... him (*à lui*) e Buch.
f. Du .... déi schwéier Tuten (*sacs lourds*).
g. Mir .... den Owend Pizza.

maachen (*faire*)
goen (*aller*)
iessen (*manger*)
ginn (*donner*)
kréien (*recevoir*)
kafen (*acheter*)
droen (*porter*)

Quelques particularités

Dans certains cas, on ne retrouve pas le paradigme de conjugaison général, à savoir l'infinitif identique à la conjugaison de la première personne du singulier, et de la première et la troisième personne du pluriel.
– **goen** (*aller à pied, marcher*) : **ech ginn, mir ginn, si ginn**
– **stoen** (*être debout*) : **ech stinn, mir stinn, si stinn**
– **verstoen** (*comprendre*) : **ech verstinn, mir verstinn, si verstinn**

CHAPITRE 7 : LES VERBES IRRÉGULIERS AU PRÉSENT DE L'INDICATIF

7 Conjuguez les verbes suivants au présent de l'indicatif.

	aller	aller (à pied)	courir	acheter	venir
ech	**fueren**				
du					
hien/si/hatt		**geet**			
mir			**lafen**		
Dir/dir				**kaaft**	
si					**kommen**

	comprendre	donner/ devenir	être debout	faire	trouver
ech			**stinn**		
du	**verstees**				
hien/si/hatt		**gëtt**			
mir				**maachen**	
Dir/dir					
si					**fannen**

Les verbes goen et ginn

On confond facilement ces deux verbes, étant donné qu'ils ont une conjugaison quasi similaire :

goen
(*aller à pied, marcher*)

ech **ginn**
du **gees**
hien/si/hatt **geet**
mir **ginn**
Dir/dir **gitt**
si **ginn**

ginn
(*donner, devenir*)

ech **ginn**
du **gëss**
hien/si/hatt **gëtt**
mir **ginn**
Dir/dir **gitt**
si **ginn**

CHAPITRE 7 : LES VERBES IRRÉGULIERS AU PRÉSENT DE L'INDICATIF

8 Déterminez, en les liant avec un trait, suivant le contexte ou la conjugaison, s'il s'agit du verbe <u>goen</u> ou <u>ginn</u>.

a. Ech ginn all Dag an de Supermarché akafen. → ....
b. De Proff gëtt de Studenten eng Kopie. → ....
c. Wuer gees du an d'Vakanz? → ....
d. Mir ginn dacks an de Kino. → ....
e. Dir gitt mat mir schwammen. → ....
f. Fir Moien ze soen, ginn d'Lëtzebuerger sech dräi Beesen. → ....

Les verbes <u>brauchen</u> et <u>wëssen</u>

Ce sont deux verbes très utilisés, qui présentent les particularités suivantes dans leur conjugaison :

- ils ne prennent pas de terminaison au radical aux première et troisième personnes du singulier, comme les verbes de modalité ;
- contrairement à ces derniers, ils ne s'utilisent pas avec un autre verbe à l'infinitif, mais avec un complément du nom.

	ech	du	hien/si/hatt	mir	Dir/dir	si
wëssen	weess	weess	weess	wëssen	wësst	wëssen
brauchen	brauch	brauchs	brauch	brauchen	braucht	brauchen

Les verbes de modalité

Leur conjugaison est particulière et ils se construisent en général avec un infinitif, placé à la fin (de la phrase).

	ech	du	hien/si/hatt	mir	Dir/dir	si
mussen	muss	muss	muss	mussen	musst	mussen
sollen	soll	solls	soll	sollen	sollt	sollen
däerfen	däerf	däerfs	däerf	däerfen	däerft	däerfen
kënnen	kann	kanns	kann	kënnen	kënnt	kënnen
wëllen	wëll	wëlls	wëll*	wëllen	wëllt	wëllen

*hien/si/hatt wëllt est une variante

CHAPITRE 7 : LES VERBES IRRÉGULIERS AU PRÉSENT DE L'INDICATIF

Banque de mots

brauchen (*avoir besoin de*)

däerfen (*avoir le droit/la permission*)

kënnen (*pouvoir* [*être capable de*], *savoir faire*)

mussen (*être obligé de, devoir, falloir*)

sollen (*devoir moins strict, moral, dans le sens d'un conseil*)

wëllen (*vouloir*)

wëssen (*savoir, connaître*)

 Complétez par le verbe kënnen ou le verbe däerfen.

a. .... Dir Tennis spillen?

b. Ech .... de Film net kucken, ech hu keng Tëlee.

c. Mir .... am Restaurant net fëmmen (*fumer*).

d. De Pierre ass Taxichauffer, hie .... gutt Auto fueren.

e. D'Marie huet 18 Joer, hatt .... elo an d'Disco goen.

10 Complétez par le verbe mussen ou le verbe sollen.

a. D'Claudine ass Infirmière, hatt .... de Weekend schaffen.

b. Owes .... mir net sou vill iessen.

c. D'Kanner .... an d'Schoul goen.

d. Du .... Sport maachen, dat ass gutt fir d'Gesondheet (*santé*).

e. Dir .... all Dag Vokabele léieren.

CHAPITRE 7 : LES VERBES IRRÉGULIERS AU PRÉSENT DE L'INDICATIF

11 Entourez le verbe de modalité qui convient.

a. **Kanns du/wëlls du/muss du Schi fueren?** (*Sais-tu faire du ski ?*)

b. **Ech si krank, ech muss/ech kann/ech däerf bei den Dokter goen.**
   (*Je suis malade, je dois aller chez le médecin.*)

c. **Zu Lëtzebuerg muss een/däerf een/soll ee mat 16 Joer Alkohol drénken.**
   (*Au Luxembourg on a le droit de boire de l'alcool à 16 ans.*)

d. **Mir däerfen/mussen/wëllen am Juli an Italien an d'Vakanz fueren.**
   (*Nous voulons aller en vacances en Italie en juillet.*)

12 Remettez les phrases dans l'ordre.

a. schaffen wëllen mir Lëtzebuerg zu

b. muss du fannen en Appartement

c. haut Kino goen d'Paula an de däerf

d. fueren kann Auto d'Jeanne net

e. en neie ech Pass brauch

f. de Jacques all d'Äntwerten weess

g. solls besser du oppassen (*faire attention*)

a. → ....

b. → ....

c. → ....

d. → ....

e. → ....

f. → ....

g. → ....

Bravo, vous êtes venu(e) à bout du chapitre 7 ! Il est maintenant temps de comptabiliser les icônes et de reporter le résultat en page 128 pour l'évaluation finale.

8
Les prépositions de lieu

- Les prépositions de lieu les plus utilisées sont **an**, **bei**, **op**. Il n'est pas toujours facile de les traduire, mais en règle générale, on peut dire :

  – **an** = *dans, à l'intérieur* (endroit fermé)

  – **bei** = *chez* (personne ou société), *près de*

  – **op** = *sur* (endroit ouvert), *à* (administration comme ministère, commune, poste).

- Ces prépositions sont suivies de l'accusatif lorsqu'elles sont précédées d'un verbe de déplacement (comme **goen** ou **fueren**, *aller*) et du datif lorsqu'elles sont précédées d'un verbe qui n'exprime pas de déplacement (comme **schaffen**, *travailler*, **wunnen**, *habiter*…).

- Attention aux prépositions suivies d'un substantif masculin ou neutre !

  – **an** + **dem** ➙ **am**

  – **bei** + **dem** ➙ **beim**

  – **op** + **dem** ➙ **um**

Banque de mots

Bësch [m.] (*forêt*)

Dokter [m.] (*médecin*)

Firma [f.] (*entreprise*)

Klinick [f.] (*hôpital/clinique*)

Maart [m.] (*marché*)

Post [f.] (*poste*)

Restaurant [m.] (*restaurant*)

Schoul [f.] (*école*)

Spillplaz [f.] (*aire de jeux*)

Stad [f.] (*ville*)

Buttek [m.] (*magasin*)

Gemeng [f.] (*commune*)

goen (*aller*)

Kierch [f.] (*église*)

lafen (*courir*)

Policebüro [m.] (*poste de police*)

sichen (*chercher*)

Stadzentrum [m.] (*centre-ville*)

CHAPITRE 8 : LES PRÉPOSITIONS DE LIEU

1 Complétez les phrases suivantes par la préposition qui convient.

a. Ech wunnen (an der/bei der/op der) .... Stad.
   (J'habite en ville.)

b. Ech schaffe(n) (an der/bei der/op der) .... Firma Luxolux.
   (Je travaille pour la société Luxolux.)

c. Mir kafen Uebst (am/beim/um) .... Maart.
   (Nous achetons des fruits sur le marché.)

d. Hatt joggt all Dag (am/beim/um) .... Bësch.
   (Elle fait son jogging tous les jours dans la forêt.)

e. D'Kanner spillen (an der/op der/bei der) .... Spillplaz.
   (Les enfants jouent sur l'aire de jeux.)

f. Dir kaaft Timberen (an der/op der/bei der) .... Post.
   (Vous achetez des timbres à la poste.)

g. (Am/Beim/Um) .... Dokter musse mir ëmmer laang waarden.
   (Il faut toujours attendre longtemps chez le médecin.)

h. Léiers du Lëtzebuergesch (an der/bei der/op der) .... Schoul?
   (Apprends-tu le luxembourgeois à l'école ?)

i. Haut den Owend iesse mir (am/beim/um) .... Restaurant.
   (Ce soir nous mangerons au restaurant.)

j. Mäi Büro ass direkt (an der/bei der/op der) .... Klinick.
   (Mon bureau se trouve tout près de la clinique.)

2 Complétez les phrases suivantes avec l'article qui convient, **d'** (féminin ou neutre) ou **de** (masculin).

a. Ech lafe bis an .... Stadzentrum.

b. Du gees all sonndes an .... Kierch.

c. Den Daniel geet op .... Gemeng e Certificat sichen.

d. D'Madamm geet an .... Buttek akafen.

e. Gees du op .... Policebüro?

CHAPITRE 8 : LES PRÉPOSITIONS DE LIEU

Banque de mots

Bank [f.] (*banque*)
Bomi [f.] (*grand-mère*)
fueren (*aller*)
iessen (*manger*)
kucken (*regarder*)
schaffen (*travailler*)
Theater [m.] (*théâtre*)
waarden (*attendre*)
Wartesall [m.] (*salle d'attente*)

3 An, bei ou op ? Complétez les phrases suivantes en utilisant la préposition qui convient.

AN   BEI   OP

a. Ech schaffen zënter 10 Joer .... der Bank.

b. .... der Bomi iessen ech ëmmer gutt!

c. Si kucken e Stéck vum Molière .... dem Theater.

d. Mir fuere reegelméisseg (*régulièrement*) .... Amsterdam.

e. D'Nicole fiert muer .... de Claude.

f. Hie waart op den Dokter .... dem Wartesall.

4 Remettez les lettres dans l'ordre pour trouver la traduction des mots suivants.

a. traMa → ....
b. tuBekt → ....
c. pillazpS → ....
d. louSch → ....
e. schëB → ....
f. daSt → ....

CHAPITRE 8 : LES PRÉPOSITIONS DE LIEU

Les moyens de transport

- On se déplace à pied : **Mir ginn zu Fouss**.
- Pour tous les autres moyens de transport, on utilise la préposition **mam** pour les noms masculins ou neutres (par exemple **Mir fuere mam Auto, Moto, Vëlo**) et **mat der** pour les noms féminins (très rares dans ce champ lexical, comme par exemple **mat der Kutsch**, en calèche).

Banque de mots

Auto [m.] (*voiture*)
Boot [n.] (*petit bateau*)
Bus [m.] (*bus*)
Camion [m.] (*camion*)
Fliger [m.] (*avion*)
Kutsch [f.] (*calèche, landau*)
Moto [m.] (*moto*)
Schëff [n.] (*bateau*)
Taxi [m.] (*taxi*)
Tram [m.] (*tram*)
Vëlo [m.] (*vélo*)
Zuch [m.] (*train*)
zu Fouss (*à pied*)

5 Trouvez les dix mots désignant des moyens de transport dans le tableau suivant (horizontalement, verticalement et en diagonale).

Y	G	B	E	U	S	U	A	P	G	W	D
Q	L	J	V	I	V	K	O	A	Z	R	S
T	A	U	T	O	U	Ë	D	O	U	E	C
M	J	D	A	Q	T	B	L	Z	C	X	H
O	D	D	R	W	X	A	S	O	H	L	O
T	D	O	P	U	A	Z	X	P	J	K	U
O	E	F	J	C	Y	E	G	I	M	I	L
H	E	L	I	K	O	P	T	E	R	P	B
Q	J	I	F	S	I	C	V	L	U	R	U
J	M	G	D	B	O	O	T	M	B	T	S
G	C	E	S	W	L	C	A	M	I	O	N
C	A	R	U	E	Y	Y	L	L	H	A	C

→ ....

→ ....

→ ....

→ ....

→ ....

→ ....

→ ....

→ ....

→ ....

→ ....

CHAPITRE 8 : LES PRÉPOSITIONS DE LIEU

6 Complétez les phrases par le mot correspondant à l'illustration en utilisant les prépositions <u>mam</u>, <u>mat der</u> ou <u>zu</u>.

a. **Ech fueren all Dag** .... 🚗 **schaffen.**

(*Je vais travailler tous les jours en voiture.*)

b. **Mir fléien dëst Joer** .... ✈️ **an d'Vakanz.**

(*Cette année nous allons en vacances en avion.*)

c. **De Paul geet ëmmer** .... 👣 **op de Büro.**

(*Paul va toujours au bureau à pied.*)

d. **D'Brautpuer fiert** .... 🛒 **an d'Kierch.**

(*Les mariés vont à l'église en calèche.*)

e. **De Mike fiert immens gär** .... 🚲.

(*Mike aime beaucoup faire du vélo.*)

f. **Fiers du** .... 🚂 **oder** .... 🚌 **op Paräis?**

(*Vas-tu à Paris en train ou en bus ?*)

Les prépositions et les villes

Le mot *ville* se traduit par **Stad**. Comme au Luxembourg le nom du pays est identique au nom de la capitale, on dit **An der Stad** pour exprimer qu'on travaille, habite, s'amuse… à Luxembourg-Ville, sans indiquer le nom de la ville.

- Lorsqu'on se trouve dans une ville (pour y habiter, se promener, y travailler, s'amuser) on utilise, sauf exception, la préposition **zu**.

  – **Ech wunnen zu Esch, mee ech schaffen zu Diddeleng.** (*J'habite à Esch, mais je travaille à Dudelange.*)

- Lorsqu'on se déplace vers une ville, on utilise la préposition **op**.

  – **Ech fueren op Diddeleng schaffen, owes fueren ech op Esch heem.** (*Je vais travailler à Dudelange, le soir je rentre à Esch.*)

- Il en est de même pour la plupart des quartiers de la ville de Luxembourg.

  – **Ech wunnen zu Beggen, ech fueren op Beggen.**

- Il y a beaucoup d'exceptions et de cas spéciaux ; ici, nous nous concentrons sur les cas réguliers.

CHAPITRE 8 : LES PRÉPOSITIONS DE LIEU

7 Indiquez s'il s'agit d'un verbe de déplacement ou non, et traduisez-le.

	oui	non	traduction
goen	☐	☐	
schaffen	☐	☐	
fueren	☐	☐	
wunnen	☐	☐	
heeschen	☐	☐	
lafen	☐	☐	
waarden	☐	☐	
fléien	☐	☐	

Banque de mots

et gëtt (*il y a*)
fléien (*voler*)
fueren (*aller*)
goen (*aller*)
schaffen (*travailler*)
sinn (*être*)
wunnen (*habiter*)

8 Complétez par la préposition zu ou op. Attention, c'est le verbe qui en décide !

zu   op

a. An der Vakanz fléie mir .... New York shoppen.

b. Fiert de Bus .... Clierf oder .... Wolz?

c. Ech wunne schonn 3 Joer .... Esch.

d. Schaffs du nach .... Gaasperech?

e. De Lëtzebuergeschcours ass net .... Beggen, mee .... Bouneweg.

f. Mir ginn ëmmer .... Réiden schwammen, do ass et flott.

g. .... Rëmeleng gëtt et e schéine Musée.

h. D'Marie geet .... London studéieren.

Bravo, vous êtes venu(e) à bout du chapitre 8 ! Il est maintenant temps de comptabiliser les icônes et de reporter le résultat en page 128 pour l'évaluation finale.

9 Parler de ses origines

L'utilisation de aus et vun

- Pour dire d'où l'on vient, on utilise la préposition **aus** lorsque l'on parle d'un pays ou continent et **vun** pour une ville ou une île.
- En ce qui concerne la ville de Luxembourg, on dit : **Ech kommen aus der Stad.**

Parler de son quartier

- Les quartiers d'une ville sont généralement considérés comme des noms de ville. Si l'on veut dire qu'on vient d'un certain quartier (comme quartier d'origine, ou simplement comme point de départ), on dit :

    – **Ech komme vu(n)...** *Je viens de...*

    – **Ech si vu(n)...** *Je suis de...*

    – **Ech komme vu Bouneweg, vu Märel, vun Hollerech, vun Zéisseng.**

- Attention, il y a toutefois beaucoup d'exceptions !

Banque de mots

China (*Chine*)
Däitschland (*Allemagne*)
d'Belsch (*Belgique*)
d'Schwäiz (*Suisse*)
d'U.S.A. (*États-Unis*)
Dänemark (*Danemark*)
England (*Angleterre*)
Finnland (*Finlande*)
Frankräich (*France*)
Holland (*Pays-Bas*)
Italien (*Italie*)
Lëtzebuerg (*Luxembourg*)
Portugal (*Portugal*)
Russland (*Russie*)
Schweden (*Suède*)
Spuenien (*Espagne*)
Tunesien (*Tunisie*)

CHAPITRE 9 : PARLER DE SES ORIGINES

1 Complétez les phrases suivantes en utilisant, selon le cas, <u>aus</u> ou <u>vu(n)</u>.

a. Ech kommen ……… Italien, ……… Roum.
   An Dir? ……… Frankräich, ……… Paräis.

b. Ech kommen ……… Tunesien, ……… Tunis.
   An Dir? ……… der Belsch, ……… Arel.

c. Ech kommen ……… Spuenien, ……… Madrid.
   An Dir? ……… Lëtzebuerg, ……… Miersch.

d. Ech kommen ……… China, ……… Shanghai.
   An Dir? ……… Portugal, ……… Lissabon.

e. Ech kommen ……… Däitschland, ……… Berlin.
   An Dir? ……… England, ……… London.

2 Associez les spécialités culinaires à leur pays d'origine.

Bacalhau
→ aus Portugal

Pizza
→ ………………

Vodka
→ ………………

Kachkéis
→ ………………

Sushi
→ ………………

Baguette
→ ………………

Paëlla
→ ………………

Japan   Russland   Italien   Frankräich
Spuenien   Lëtzebuerg   Portugal

CHAPITRE 9 : PARLER DE SES ORIGINES

3 À l'aide de la liste ci-dessous, complétez les phrases suivantes avec le nom du pays ou de la ville correspondants et en utilisant la préposition correcte (<u>aus</u> ou <u>vun</u>).

a. Ech schwätzen Englesch, ech kommen ……………… .

b. D'Madamm Müller schwätzt Däitsch; si kënnt ……………… .

c. Dir schwätzt Franséisch, dir kommt ……………… .

d. De Pol schwätzt Arabesch; hie kënnt ……………… .

e. D'Judith schwätzt Hollännesch, hatt kënnt ……………… .

f. Ech schwätze Spuenesch, ech komme ……………… .

g. Du schwätz Portugisesch, du kënns ……………… .

h. Hie schwätzt Ungaresch, hie kënnt ……………… .

Budapest
Madrid
Däitschland
Tunesien
England
Amsterdam
Frankräich
Lissabon

Le genre des pays

En général, les noms de pays sont neutres et ne sont pas précédés d'un article. Il y a toutefois quelques exceptions : certains noms de pays sont féminins (**d'Schwäiz, d'Tierkei, d'Belsch, d'Tschechesch Republik, d'Dominikanesch Republik**), certains sont masculins (**den Iran, den Irak, de Kosovo, de Vietnam**) ou au pluriel (**d'U.S.A.**).

4 Placez les noms des pays dans les cases correspondantes.

Albanien   Bosnien   China   Däitschland   d'Belsch   d'Dominikanesch Republik
de Kosovo   de Vietnam   d'Schwäiz   d'Tierkei   d'U.S.A.   Frankräich   Italien
Jugoslawien   Mazedonien   Portugal   Spuenien

Ech kommen aus [n.]	Ech kommen aus der [f.]	Ech kommen aus dem [m.]	Ech kommen aus den [pl.]

CHAPITRE 9 : PARLER DE SES ORIGINES

Les langues

- En général, le nom d'une langue se termine par **-esch** ou **–sch**.
- On différencie l'écriture d'un nom de langue (avec une majuscule) et l'écriture d'un adjectif s'y relatant (sans majuscule).

  – **Ech schwätze Lëtzebuergesch / Kachkéis ass eng lëtzebuergesch Spezialitéit.**
  (*Je parle luxembourgeois / La cancoillotte est une spécialité luxembourgeoise.*)

  – **Ech schwätze Franséisch / Paräis ass eng franséisch Stad.**
  (*Je parle français / Paris est une ville française.*)

  – **Ech schwätzen Däitsch / D'Marlene Dietrich ass eng däitsch Schauspillerin.**
  (*Je parle allemand / Marlene Dietrich est une actrice allemande.*)

5 Quelle langue parle-t-on dans ces pays ?
Complétez les phrases avec les langues correspondantes.
Exemple : A Frankräich schwätzen d'Leit Franséisch. (En France les gens parlent français.)

a. An Däitschland ....

b. A Spuenien ....

c. An Italien ....

d. An England ....

e. A Japan ....

f. A Russland ....

g. An der Belsch ....

h. A China ....

i. An Argentinien ....

j. A Brasilien ....

k. A Portugal ....

l. Zu Lëtzebuerg ....

Chineesesch
Däitsch
Englesch
Flämesch
Franséisch
Italieenesch
Japanesch
Lëtzebuergesch
Portugisesch
Russesch
Spuenesch

CHAPITRE 9 : PARLER DE SES ORIGINES

 S'agit-il d'une langue ou d'une nationalité ? Cochez la réponse exacte.

	nationalité	langue
Lëtzebuergesch		
Belsch		
Finnesch		
Spuenierin		
Dänin		
Türkesch		
Hollänner		
Franséisin		
Portugisesch		
Chineesin		

 Cherchez les dix langues cachées dans le damier.

```
M D U Y P V A M A Y B K N S V O Y V
C H I N E E S E S C H D U E J X L A
T V H O G U W R G I L Ä F P A H G M
C I F E S T X O H T V I J F P Q O E
F E N G L E S C H A T T X L A U I R
R C C I Y J W F E L Q S J Q N X M I
A Z C Q S V N G D I J C Q I E Z E K
N L C M K L J Q Q E D H N B S X W A
S S L Ë T Z E B U E R G E S C H H N
É M P T L R K D N N Y K R H H A Z E
I H F L J S W V C E M L F Z N C V S
S F J U N G A R E S C H I U D T M C
C N X A L I R T J C R A P D K H Z H
H G K L R Q L F S H G K C O F F I S
T G P O R T U G I S E S C H S E O K
```

Français
Chinois
Anglais
Luxembourgeois
Allemand
Japonais
Hongrois
Italien
Portugais
Américain

CHAPITRE 9 : PARLER DE SES ORIGINES

Les nationalités

Le nom des nationalités se forme de façon très irrégulière.

- En général, le féminin prend la terminaison -**in** (à l'exception de **Belsch**, **Däitsch**, et quelques formes irrégulières comme **Fransous**-**Franséisin**).
- Le pluriel masculin pour les noms en -**er** reste inchangé ; pour les autres, c'est -**en**.
- Le pluriel féminin est -**innen**.

8 Reliez la nationalité à son pays.

1. Algerien
2. Belsch
3. China
4. England
5. Frankräich
6. Japan
7. Lëtzebuerg
8. Polen
9. Portugal
10. Schwäiz

a. Belsch
b. Fransous
c. Schwäizer
d. Pol
e. Chinees
f. Algerier
g. Portugis
h. Englänner
i. Japaner
j. Lëtzebuerger

9 Quelle est la forme féminine des nationalités suivantes ?

a. ♂ Schweed → ♀ ....
b. ♂ Brasilianer → ♀ ....
c. ♂ Dän → ♀ ....
d. ♂ Finn → ♀ ....
e. ♂ Fransous → ♀ ....
f. ♂ Hollänner → ♀ ....

CHAPITRE 9 : PARLER DE SES ORIGINES

10 Quelle est la forme masculine des nationalités suivantes ?

a. ♀ Belsch → ♂ ....

b. ♀ Spuenierin → ♂ ....

c. ♀ Chineesin → ♂ ....

d. ♀ Kosovarin → ♂ ....

e. ♀ Iranerin → ♂ ....

f. ♀ Amerikanerin → ♂ ....

11 Formez le pluriel des nationalités suivantes.

a. Amerikanerin → ....

b. Lëtzebuerger → ....

c. Japanerin → ....

d. Pol → ....

e. Dänin → ....

f. Chinees → ....

g. Peruaner → ....

h. Senegalees → ....

12 Cherchez et barrez l'intrus.

a.	b.	c.	d.
Russ	Japanesch	Spuenierin	Portugal
Griich	Tschech	Brasilianerin	Polin
Chinees	Arabesch	Argentinier	Hollänner
Dänin	Italieenesch	Italieenerin	Lëtzebuerger

Bravo, vous êtes venu(e) à bout du chapitre 9 ! Il est maintenant temps de comptabiliser les icônes et de reporter le résultat en page 128 pour l'évaluation finale.

L'interrogation, l'affirmation et la négation

L'interrogation

- L'interrogation peut être introduite par un mot interrogatif ou non.
- S'il n'y a pas de mot interrogatif, le verbe conjugué occupe la première position dans la phrase. La réponse peut être *oui* ou *non*.

  – **Kënns du mat eis an de Kino?** (*Viens-tu avec nous au cinéma ?*)

  – **Léiert Dir Lëtzebuergesch?** (*Est-ce que vous apprenez le luxembourgeois ?*)

- S'il y a un mot interrogatif, le verbe conjugué occupe la deuxième position.

  – **Wat maacht Dir haut?** (*Que faites-vous aujourd'hui ?*)

  – **Wéi geet et dir?** (*Comment vas-tu ?*)

  – **Wuer gees du?** (*Où vas-tu ?*)

  – **Wien ass dat?** (*Qui est-ce ?*)

  – **Wéini fiert de Bus?** (*Quand passe le bus ?*)

  – **Firwat kräischs du?** (*Pourquoi pleures-tu ?*)

  – **Wéi vill Joer hues du?** (*Quel âge as-tu ?*)

Banque de mots

Voici quelques mots interrogatifs très courants :

Firwat? (*Pourquoi ?*)

Wat? (*Quoi/Que ?*)

Wéi? (*Comment ?*)

Wéini? (*Quand ?*)

Wéi vill? (*Combien ?*)

Wien? (*Qui ?*)

Wou? (*Où ?*)

CHAPITRE 10 : L'INTERROGATION, L'AFFIRMATION ET LA NÉGATION

1 Répondez aux questions suivantes en conjuguant le verbe entre parenthèses.

a. **Wéi heescht Dir?**

Ech .... (heeschen) Marcel Durand.

b. **Wat fir eng Nationalitéit hutt Dir?** (*De quelle nationalité êtes-vous ?*)

Ech .... (sinn) Italieener.

c. **Vu wou kommt Dir?** (*D'où venez-vous ?*)

Ech .... (kommen) aus Däitschland.

d. **Wou schaffs du?**

Ech .... (schaffen) op der Banque de Luxembourg.

e. **Schwätzt hatt Italieenesch?** (*Est-ce qu'elle parle l'italien ?*)

Jo, hatt .... (schwätzen) Italieenesch.

f. **Wou wunne si?** (*Où est-ce qu'ils habitent ?*)

Si .... (wunnen) zu Esch.

g. **Léiers du Lëtzebuergesch?**

Jo, ech .... (léieren) Lëtzebuergesch.

h. **Wat fir en Dag ass haut?** (*Quel jour sommes-nous ?*)

Haut .... (sinn) Mëttwoch.

2 Complétez les phrases suivantes avec le mot interrogatif qui convient.

a. .... geet et lech?

b. .... méchs du muer?

c. .... gitt Dir an d'Vakanz?

d. .... kommt Dir ërem (*revenir*) ?

e. .... heeschs du?

CHAPITRE 10 : L'INTERROGATION, L'AFFIRMATION ET LA NÉGATION

f. .... **al ass d'Sandrine?**

g. .... **sees du dat** (... *dis-tu cela*)**?**

h. .... **Zäit däerf ee Kand um Computer verbréngen** (*passer du temps devant l'ordinateur*)**?**

i. .... **hues du Gebuertsdag?**

j. .... **sinn deng Hobbyen** (*activités de loisir*)**?**

3 Ajoutez le mot interrogatif manquant dans les phrases suivantes.

a. .... **méchs du muer?**

Muer ginn ech akafen (*faire des courses*).

b. .... **Zäit brauchs du, fir heemzefueren** (*rentrer à la maison*)**?**

Ech brauch 30 Minutten.

c. .... **geet et dir?**

Et geet mir ganz gutt! (*Je vais très bien !*)

d. .... **ass et?**

Ech sinn et, de Pol! (*C'est moi, Pol !*)

e. .... **ass d'Claudine?**

Hatt ass am Kino (*cinéma*).

f. .... **waars du** (*tu étais*) **net do?**

Well (*parce que*) ech krank war.

g. .... **kënnt** (*vient*) **den nächste Bus?**

An (*dans*) zwanzeg Minutten.

h. .... **lauschters du** (*tu écoutes*)**?**

Ech lauschtere klassesch Musek.

CHAPITRE 10 : L'INTERROGATION, L'AFFIRMATION ET LA NÉGATION

4 Reliez les questions aux réponses correspondantes.

Wéi vill Kilometer huet däin Auto? **1.**   **a.** Ech ginn op Barcelona.

Wéini kënnt däin Zuch? **2.**   **b.** Well ech et interessant fannen.

Wie bass du? **3.**   **c.** 20 000 Kilometer.

Wuer gees du an d'Vakanz? **4.**   **d.** Ech si Journalist.

Wat schafft Dir? (*Quel est votre métier ?*) **5.**   **e.** E kënnt a fofzéng Minutten.

Firwat lies du dat Buch? **6.**   **f.** Ech sinn den André.

L'affirmation et la négation

- Pour répondre à une question, on emploie **jo** (*oui*) ou **nee** (*non*).
    - **Wunns du zu Diddeleng** (*Dudelange*)? **Jo, ech wunnen zu Diddeleng.**
    - **Schaffs du op der Gemeng** (*mairie*)? **Nee, ech schaffen op der Post.**
- Pour transformer une phrase affirmative en phrase négative, on emploie l'adverbe **net**.
    - **Ech weess et.** (*Je le sais.*)   – **Ech weess et net.** (*Je ne le sais pas.*)
- La négation des articles indéfinis *un* et *une* est :
    - Pour le masculin et pour le neutre **een** → **keen**, mais pronom négatif neutre → **keent**
    - **Ech hunn en Haus. Ech hu keent.** (*J'ai une maison. Je n'en ai pas.*)
    - Pour le féminin **eng** (*une*) → **keng**   • Pour le pluriel (*des*) → **keng**
    - **Hues du een Auto? Nee, ech hu keen Auto** (*Non, je n'ai pas de voiture.*)
    - **Maacht Dir Sport? Nee, ech maache kee Sport** (*Non, je ne fais pas de sport.*)
- La négation de *quelque chose* (**eppes**) ou de *tout* (**alles**) est **näischt**.
    - **Ech hunn eppes gedronk.** (*J'ai bu quelque chose*)
      → **Ech hunn näischt gedronk.** (*Je n'ai rien bu.*)
    - **De Matteo huet alles giess.** (*Matteo a tout mangé.*)
      → **De Matteo huet näischt giess.** (*Matteo n'a rien mangé.*)
- Pour répondre *Si* à une question négative, on emploie **Dach**.
    - **Hues du Mëllech net gär?** (*Est-ce que tu n'aimes pas le lait ?*)
      → **Dach, ech hu Mëllech gär.** (*Si, j'aime le lait.*)

CHAPITRE 10 : L'INTERROGATION, L'AFFIRMATION ET LA NÉGATION

5 Répondez aux questions suivantes par <u>jo</u>, <u>nee</u> ou <u>dach</u> selon le contexte.

ja   *nee*   *dach*

a. Bass du Fransous? _____, ech sinn net Fransous, ech si Spuenier.

b. Bass du net de Pol? _____, ech sinn de Pol.

c. Sidd Dir Gäertner (*jardinier*)? _____, ech sinn net Gäertner, ech si Buschauffer.

d. Kommt Dir aus Frankräich? _____, ech si vu Metz.

e. Gees du an d'Bibliothéik? _____, ech ginn an d'Bibliothéik.

f. Fëmms du (*fumes-tu*)? _____, ech fëmmen net.

g. Kuckt Dir net gär d'Tëlee? _____, mir kucke gär d'Tëlee.

6 Répondez négativement aux questions suivantes.

a. Hues du en Hond?
   → Nee, ech hu _____

b. Hu si (*ont-ils*) en Haus (*maison*, [n.])?
   → Nee, si hu _____

c. Huet hatt eng Schwester (*sœur*)?
   → Nee, hatt huet _____

d. Hues du e Computer?
   → Nee, ech hu _____

e. Hutt Dir Kanner (*enfants*)?
   → Nee, mir hu _____

f. Hues du e Päerd (*cheval*, [n.])?
   → Nee, ech hu _____

g. Hues du alles opgeraumt (*rangé*)?
   → Nee, ech hunn _____ opgeraumt.

Bravo, vous êtes venu(e) à bout du chapitre 10 ! Il est maintenant temps de comptabiliser les icônes et de reporter le résultat en page 128 pour l'évaluation finale.

Les nombres ordinaux et les dates

Les nombres ordinaux

Pour former les nombres ordinaux :
- de 4 à 19, on ajoute **-ten** [tœ'n] au nombre cardinal,
- à partir de 20, on rajoute **-sten**.

	de(n)		
1	**éischten**	[éychtœ'n]	1er
2	**zweeten**	[tsoué:tœ'n]	2e
3	**drëtten**	[drœtœ'n]	3e
4	**véierten**	[féyᵃtœ'n]	4e
5	**fënneften**	[fœ'nœftœ'n]	5e
20	**zwanzegsten**	[tsoua'ntsécHstœ'n]	20e
30	**drëssegsten**	[drœsécHstœ'n]	30e
100	**honnertsten**	[Hô'nᵃtstœ'n]	100e

- Attention aux irrégularités : **den éischten, den drëtten** !
- Les nombres ordinaux sont déclinés comme des adjectifs (**den éischten, déi éischt, dat éischt**), ce qui signifie que l'on ajoute -**en** au masculin.

❶ Écrivez les nombres ordinaux suivants en toutes lettres.

a. de 7. → ....

b. de 14. → ....

c. de 37. → ....

d. de 94. → ....

e. den 125. → ....

f. den 1 000. → ....

CHAPITRE 11 : LES NOMBRES ORDINAUX ET LES DATES

2 Pour chaque proposition, ajoutez l'article et écrivez le nombre ordinal en toutes lettres.

a. **2. Strooss** [f.] (*rue*) → ....

b. **4. Stack** [m.] (*étage*) → ....

c. **7. Haus** [n.] (*maison*) → ....

d. **100. Client** [m.] (*client*) → ....

e. **100 000. Awunner** [m.] (*habitant*) → ....

Les dates

- Les dates se forment avec les nombres ordinaux :
  – **Haut ass den 30. (drëssegste) Januar.** (*Aujourd'hui on est le 30 janvier.*)
- Les mois (**Mount**, pl. **Méint**) sont : **Januar, Februar, Mäerz, Abrëll, Mee, Juni, Juli, August, September, Oktober, November, Dezember.**
- **D'Joer** (*l'année*) **huet 12 Méint**.
- Avec les dates, il faut particulièrement faire attention à la règle du -n.

3 Formez les phrases suivant l'exemple ci-dessous.
Exemple : Januar → Januar ass den éischte Mount am Joer.

a. *Februar* → ....

b. *Mäerz* → ....

c. *Abrëll* → ....

d. *Mee* → ....

e. *Juni* → ....

CHAPITRE 11 : LES NOMBRES ORDINAUX ET LES DATES

4 **Formez les phrases suivant l'exemple ci-dessous.**
Exemple : De 7. Mount am Joer ass _____.
→ De siwente Mount am Joer ass de Juli.

a. Den 8. Mount am Joer ass den _____

→ ....

b. Den 9. Mount am Joer ass de _____

→ ....

c. Den 10. Mount am Joer ass den _____

→ ....

d. Den 11. Mount am Joer ass den _____

→ ....

e. Den 12. Mount am Joer ass den _____

→ ....

> **Banque de mots**
>
> Voici les noms de quelques fêtes ou jours fériés (**Feierdeeg**) :
>
> **Chrëschtdag** [m.] (*Noël*)
>
> **Grouss Vakanz** [f.] (*les grandes vacances*)
>
> **Nationalfeierdag** [m.] (*Fête nationale*)
>
> **Neijoerschdag** [m.] (*Nouvel An*)
>
> **Schueberfouer** [f.] (*grande fête foraine en août-septembre*)
>
> **ophalen** (*se terminer*) (… halen … op.)
>
> **ufänken** (*commencer*) (… fänken … un.)

5 **Écrivez les dates en toutes lettres (attention à la règle du -n !).**
Exemple : Muer (*demain*) ass den 31.1. → Muer ass den eenandrëssegste Januar.

a. De 25.12. ass Chrëschtdag.

→ ....

b. De lëtzebuergeschen Nationalfeierdag ass den 23.6.

→ ....

c. Den 1.1. ass Neijoerschdag.

→ ....

d. D'Schueberfouer fänkt den 22.8. un an hält den 10.9. op.

→ ....

e. D'Grouss Vakanz fänkt de 15.7. un an hält de 14.9. op.

→ ....

CHAPITRE 11 : LES NOMBRES ORDINAUX ET LES DATES

6 Retrouvez les douze mois cachés dans la grille (verticalement, horizontalement et en diagonale).

Les jours de la semaine (d'Wochendeeg)

- Si on veut indiquer le jour de la semaine, on dit :

  – **Haut ass Samschdeg, den 30. Januar.** (*Aujourd'hui on est samedi, le 30 janvier.*)

- Les jours de la semaine sont :

  – **Méindeg, Dënschdeg, Mëttwoch, Donneschdeg, Freideg, Samschdeg, Sonndeg.**

- **Eng Woch huet siwen Deeg, den 1. Dag ass de Méindeg.** (*Une semaine a sept jours, le premier jour est le lundi.*)

7 Traduisez en faisant attention à la règle du -n pour le <u>de(n)</u>.
Exemple : Aujourd'hui on est mardi, le 13 juin ➡ Haut ass Dënschdeg, den 13. Juni

a. dimanche, le 4 août ➡ ....

b. vendredi, le 1er octobre ➡ ....

c. mercredi, le 15 mai ➡ ....

d. jeudi, le 10 décembre ➡ ....

e. lundi, le 25 septembre ➡ ....

CHAPITRE 11 : LES NOMBRES ORDINAUX ET LES DATES

8 Cherchez les jours qui se cachent derrière ces lettres et traduisez-les.

a. **éindegm**
→ ....

b. **amsdegsch**
→ ....

c. **wochttëm**
→ ....

d. **degnons**
→ ....

e. **donndegsche**
→ ....

f. **DEGREIF**
→ ....

g. **dëgnsched**
→ ....

Les années (d'Joren) et les siècles (d'Joerhonnerten)

- Les années se disent de la façon suivante :
  - 1963 → **19honnert63** → **nonzénghonnertdräiasiechzeg**
  - 2003 → **2dausend3** → **zweedausenddräi**
- Les siècles sont indiqués en nombres ordinaux.
  - **d'zwanzegst Joerhonnert** (le XXe siècle)
  - **am nonzéngte Joerhonnert** (au XIXe siècle)
- Voici comment l'on parle des moments forts d'une vie :
  - **Hien ass … gebuer** (Il est né en…)
  - **Hien ass … gestuerwen** (Il est décédé en…)
  - **Hien huet vun … bis … gelieft** (Il a vécu de… à…)

CHAPITRE 11 : LES NOMBRES ORDINAUX ET LES DATES

9 **Écrivez les années ou siècles en toutes lettres. Exemple** : « Hien ass am 20. Joerhonnert, 1961 gebuer » (*Il est né au XXᵉ siècle, en 1961*)
→ Hien ass am zwanzegste Joerhonnert, am Joer nonzénghonnerteenasiechzeg gebuer.

a. Den Albert Einstein ass 1955 gestuerwen.
→ ....

b. Den Nelson Mandela ass 1918 gebuer.
→ ....

c. De Pierre Curie ass am 19. Joerhonnert gebuer.
→ ....

d. Den David Bowie ass 2016 gestuerwen.
→ ....

Les titres

On utilise aussi les nombres ordinaux pour les titres (en majuscules) :
Poopst Jean-Paul den Zweeten (*Pape Jean-Paul II, littéralement « le deuxième »*)

10 **Traduisez en écrivant en toutes lettres.**

a. Reine Elizabeth II → Kinnigin Elizabeth ....

b. Roi George V → Kinnek ....

c. Grand-duc Guillaume IV → ....

d. Pape François Iᵉʳ → ....

Bravo, vous êtes venu(e) à bout du chapitre 11 ! Il est maintenant temps de comptabiliser les icônes et de reporter le résultat en page 128 pour l'évaluation finale.

12. Les indications temporelles

En luxembourgeois, l'indication temporelle est déplaçable dans la phrase. Quand l'indication temporelle (par exemple : **haut** - **muer** - **gëschter**) se trouve en tête de phrase, on pratique une inversion du sujet et du verbe (comme dans la phrase interrogative) au lieu de l'ordre normal des mots (sujet-verbe). En français, cela ne change rien au sens de la phrase.

– **Ech ginn haut** (*aujourd'hui*) **an de Kino** : *je vais aujourd'hui au cinéma.*

– **Haut ginn ech an de Kino** : *aujourd'hui je vais au cinéma.*

1 Petite révision : écrivez les jours de la semaine et les mois.

M ....   J ....
D ....   F ....
M ....   M ....
D ....   A ....
F ....   M ....
S ....   J ....
S ....   J ....
                                                    A ....
                                                    S ....
                                                    O ....
                                                    N ....
                                                    D ....

CHAPITRE 12 : LES INDICATIONS TEMPORELLES

Banque de mots
gëschter (*hier*)
haut (*aujourd'hui*)
iwwermuer (*après-demain*)
muer (*demain*)
virgëschter (*avant-hier*)
op (*ouvert*)
zou (*fermé*)

2. Transformez les phrases en les faisant commencer par l'indication temporelle.

a. Ech ginn haut an de Kino. → ....

b. Mir schaffen e Sonndeg net. → ....

c. D'Kanner hunn am Juli Vakanz. → ....

d. Den Dokter huet am August Congé. → ....

e. De Supermarché ass e Sonndeg zou. → ....

3. Transformez les phrases en commençant par le sujet.

a. Muer ass de Coiffer op.

→ ....

b. E Samschdeg fueren d'Kanner an d'Vakanzekolonie.

→ ....

c. Gëschter ware mir op d'Schueberfouer.

→ ....

d. Am Dezember kënnt de Kleeschen (*Saint-Nicolas*).

→ ....

e. Um 8 Auer fiert den Zuch op Miersch.

→ ....

CHAPITRE 12 : LES INDICATIONS TEMPORELLES

Les adverbes et les noms indiquant les moments de la journée

- Les différents moments de la journée :

  - **de Moien** (*le matin*)
  - **de Mëtteg** (*midi*)
  - **den Nomëtteg** (*l'après-midi*)
  - **den Owend** (*le soir*)
  - **d'Nuecht** (*la nuit*)

- Pour indiquer qu'un moment de la journée (ou un jour de la semaine) est envisagé dans la répétition, on emploie les adverbes suivants :

  - pour le moment de la journée (voir chapitre 4) : **moies** (*le matin au sens de : tous les matins*), **mëttes** (*midi*), **nomëttes** (*l'après-midi*), **owes** (*le soir*), **nuets** (*la nuit*)
  - pour le jour de la semaine (voir chapitre 11) : **méindes, dënschdes, mëttwochs, donneschdes, freides, samschdes, sonndes**

- Il est également possible de combiner les indications temporelles et le moment de la journée ou le jour de la semaine.

  - **Muer de Moien** (*demain matin*)
  - **e Mëttwoch den Owend** (*mercredi soir*)

CHAPITRE 12 : LES INDICATIONS TEMPORELLES

4 Reliez le terme luxembourgeois au terme français correspondant.

1. an der Nuecht
2. de Mëtteg
3. e Samschdeg
4. freides
5. méindes
6. mëttes
7. moies
8. nuets
9. samschdes

a. les samedis
b. tous les matins
c. les lundis
d. toutes les nuits
e. à midi, ce midi
f. pendant la nuit, cette nuit
g. ce samedi
h. les midis
i. tous les vendredis

5 Traduisez les indications temporelles suivantes.

a. *ce soir*
→ ....

b. **demain matin**
→ ....

c. **mercredi midi**
→ ....

d. **cet après-midi**
→ ....

e. **samedi soir**
→ ....

f. **les vendredis soir**
→ ....

g. *(toutes) les nuits*
→ ....

CHAPITRE 12 : LES INDICATIONS TEMPORELLES

> **Banque de mots**
> Quelques activités quotidiennes et de loisirs :
> **an de Kino goen** (*aller au cinéma*)
> **Lëtzebuergesch léieren** (*apprendre le luxembourgeois*)
> **schaffen** (*travailler*)
> **spadséiere goen** (*aller se promener*)
> **Sport maachen** (*faire du sport*)
> **Kaffi drénken** (*prendre son petit déjeuner*)

6 Complétez par le nom ou par l'adverbe, en tenant compte de la traduction.

a. **Mir maachen** .... **Sport.**
   (*Nous faisons du sport les après-midis.*)

b. **Mir schaffe just** ....
   (*Nous ne travaillons que les matins.*)

c. .... **gi mir mat de Kanner spadséieren.**
   (*Dimanche après-midi, nous allons nous promener avec les enfants.*)

d. **D'Jeanne drénkt** .... **um 8 Auer Kaffi.**
   (*Jeanne prend son petit déjeuner à 8 heures le matin.*)

e. **Mir ginn** ....
   an .... **an de Cours,**
   fir Lëtzebuergesch ze léieren.
   (*Nous allons au cours les mardis et jeudis pour apprendre le luxembourgeois.*)

f. **De Mike geet** .... **an de Kino.**
   (*Mike va au cinéma vendredi soir.*)

CHAPITRE 12 : LES INDICATIONS TEMPORELLES

Durée et fréquence

On peut également ajouter des adverbes de fréquence dans les phrases.

– **Hie geet ëmmer an d'Schwämm.** (*Il va toujours à la piscine.*)
– **Hie geet ni an d'Schwämm.** (*Il ne va jamais à la piscine.*)
– **Hie geet net ëmmer an d'Schwämm.** (*Il ne va pas toujours à la piscine.*)
– **Hie geet heiansdo an d'Schwämm.** (*Il va parfois à la piscine.*)

Banque de mots

dacks (*souvent*)
ëmmer (*toujours*)
heiansdo (*parfois*)
ni (*jamais*)
seelen (*rarement*)
de ganzen Dag (*toute la journée*)
all Dag (*tous les jours*)

7 Traduisez les phrases suivantes.

a. **Je bois toujours du café.**

→ ....

b. **Je vais souvent au cinéma.**

→ ....

c. **Je vais rarement me promener.**

→ ....

d. **Je ne mange jamais de chocolat (Schockela).**

→ ....

e. **Je parle parfois luxembourgeois.**

→ ....

CHAPITRE 12 : LES INDICATIONS TEMPORELLES

8 Trouvez dix indications temporelles dans la grille, les traductions de : aujourd'hui, demain, après-demain, hier, avant-hier, jamais, rarement, parfois, souvent, toujours.

S	W	R	F	K	D	R	O	W	Z	Y	S
H	Q	V	Q	O	V	A	L	N	G	S	I
T	C	G	Y	Z	F	M	C	C	I	P	W
X	V	H	Ë	W	S	P	S	K	O	V	W
C	F	E	J	S	Z	E	E	I	S	R	E
M	Y	I	N	D	C	N	E	I	S	R	R
H	B	A	I	W	Z	H	H	L	B	M	M
A	K	N	M	U	E	R	T	R	E	J	U
U	F	S	N	Y	X	C	T	E	A	N	E
T	I	D	D	Ë	M	M	E	R	R	A	R
N	M	O	S	Z	L	F	D	Y	N	R	R
V	I	R	G	Ë	S	C	H	T	E	R	P

aujourd'hui
→ ....

demain
→ ....

après-demain
→ ....

hier
→ ....

avant-hier
→ ....

jamais
→ ....

rarement
→ ....

parfois
→ ....

souvent
→ ....

toujours
→ ....

Verbe conjugué + gär

Pour dire *aimer faire* ou *aimer* + infinitif (quelque chose), on emploie l'expression **gär maachen** (ou le verbe adéquat). Le verbe *aimer*, qui n'a pas vraiment d'équivalent en luxembourgeois, se traduit par l'adverbe **gär**.

- **Ech liese gär.** (*J'aime lire.*)
- **Hie kacht gär.** (*Il cuisine volontiers.*)
- **Si leeft gär.** (*Elle aime courir.*)
- **Mir iesse gär chineesesch.** (*Nous aimons manger chinois.*)
- **Mir drenke gär roude Wäin.** (*Nous aimons boire du vin rouge.*)

CHAPITRE 12 : LES INDICATIONS TEMPORELLES

Banque de mots
Encore quelques activités de loisirs :

d'Tëlee kucken (*regarder la télé*)

danzen (*danser*)

kachen (*cuisiner*)

molen (*peindre*)

Musek lauschteren (*écouter de la musique*)

Vëlo fueren (*faire du vélo*)

spillen (*jouer*)

Fussball spillen (*jouer au football*)

Gittar spillen (*jouer de la guitare*)

Kaart spillen (*jouer aux cartes*)

Piano spillen (*jouer du piano*)

Schach spillen (*jouer aux échecs*)

Tennis spillen (*jouer au tennis*)

9 Complétez par le verbe qui convient.

a. D'Julie .... gär Piano, hatt .... all Dag.

b. De Pierre fotograféiert gär, hie .... ëmmer vill Fotoen.

c. Mir .... gär an de Kino,
mee heiansdo .... mir och d'Tëlee.

d. De Mike ass e grousse Sportler, hie .... vill Vëlo an de Weekend
.... hie Fussball.

e. De Serge .... gär Schach, heiansdo .... hien
och Musek dobäi.

CHAPITRE 12 : LES INDICATIONS TEMPORELLES

10 Remettez les phrases dans l'ordre en commençant par un élément à majuscule. Attention à l'inversion !

den Owend gi mir Haut an de Kino

→ ....

an d'Anni gär danze De Jacques

→ ....

kachen Muer ech den Owend

→ ....

iesse gär Gromperekichelcher Mir*

→ ....

*galette de pomme de terre

Heiansdo spillt mam Pierre Schach de Paul

→ ....

Bravo, vous êtes venu(e) à bout du chapitre 12 ! Il est maintenant temps de comptabiliser les icônes et de reporter le résultat en page 128 pour l'évaluation finale.

13. Les possessifs

Pour employer l'adjectif possessif adéquat dans la phrase, il est important de connaître le nombre et le genre du possesseur et de ce qui est possédé. Il se décline ainsi au nominatif et à l'accusatif :

Possesseur	Masculin	Féminin	Neutre	Pluriel
ech	mäin	meng	mäin	meng
du	däin	deng	däin	deng
hien	säin	seng	säin	seng
si	hiren	hir	hiert	hir
hatt	säin	seng	säin	seng
mir	eisen	eis	eist	eis
dir	ären	är	äert	är
Dir	Ären	Är	Äert	Är
si	hiren	hir	hiert	hir

À noter

- Le féminin et le pluriel sont semblables. Le contexte de la phrase permet de les distinguer.
- Le neutre se caractérise par l'ajout d'un -t à une partie de ses formes.
  Quelques exemples :

  – **Den Här Dupont sicht seng Auer** (*Monsieur Dupont cherche sa montre.*)

  – **Gëff mir däin Heft !** (*Donne-moi ton cahier !*)

  – **D'Mamm rifft hir Kanner fir z'iessen.** (*La mère appelle ses enfants pour manger.*)

  – **Op der Foto gesitt Dir d'Madamm Schmit, hire Mann an hir Kanner.** (*Sur la photo vous voyez Mme Schmit, son mari et leurs enfants.*)

  – **D'Pauline a säi Brudder gläiche sech vill.**
  (*Pauline et son frère se ressemblent beaucoup.*)

  – **D'Studente schreiwen hir Examen am Auditoire.**
  (*Les étudiants passent leurs examens dans l'amphithéâtre.*)

  – **Dat ass net mäin Hond, dat ass säin Hond**.
  (*Ce n'est pas mon chien, c'est son chien.*)

CHAPITRE 13 : LES POSSESSIFS

❶ Utilisez l'adjectif possessif en tenant compte du « propriétaire ».

a. Ech hunn en Auto [m.], ... Auto ass nei.

b. Du hues en Haus [n.], ... Haus ass grouss.

c. De Pierre huet en Hond [m.], ... Hond ass léif.

d. D'Madamm Schmit huet e Mann [m.], ... Mann ass ëmmer granzeg (*de mauvaise humeur*).

e. D'Pascale huet 3 Kanner [pl.], ... Kanner maache vill Sport.

f. Mir ginn an d'Vakanz [f.], ... Vakanz gëtt immens flott (*sera super*).

g. Dir heescht Claude, mee ass Claude .... Virnumm [m.] oder .... Familljennumm [m.]?

h. D'Leit kafen .... Fleesch [n.] (*viande*) am Supermarché.

Banque de mots

Famill [f.] (*famille*)
Papp [m.] (*père*)
Mamm [f.] (*mère*)
Elteren [pl.] (*parents*)
Jong [m.] (*garçon, fils*)
Meedchen [n.] (*fille*)
Fils [m.] (*fils*)
Duechter [f.] (*fille*)
Kand [n.] (*enfant*)
Brudder [m.] (*frère*)
Schwëster [f.] (*sœur*)
Monni [m.] (*oncle*)
Tatta [f.] (*tante*)
Bopa [m.] (*grand-père, papi*)
Boma [f.] (*grand-mère, mamie*)
Grousselteren [pl.] (*grands-parents*)

CHAPITRE 13 : LES POSSESSIFS

2 Cochez le possessif correct.

1. Wéi heescht d'Madamm?
- a. Hiren Numm …
- b. Säin Numm … … ass Weber.
- c. Seng Numm …

2. Wou wunnt d'Tanja?
- a. Säin Adress …
- b. Hiren Adress … … ass 2, rue de l'Eau.
- c. Seng Adress …

3. Hunn den Här an d'Madamm Schmit Kanner?
- a. Jo, hir Kanner …
- b. Jo, seng Kanner … … heeschen Anna a Leo.
- c. Jo, hire Kanner …

4. Ass de Jacques bestuet? (marié)
- a. Jo, säi Fra …
- b. Jo, seng Fra … … schafft bei mir (*chez moi*).
- c. Jo, hir Fra …

3 Traduisez les phrases suivantes.

a. Notre fils habite à Munich (**München**).

→ ....

b. Sa sœur (à lui) s'appelle Marie.

→ ....

c. Votre père travaille-t-il chez Ambicor ?

→ ....

d. Je connais (**kennen**) bien tes parents.

→ ....

e. Son oncle (à elle) et sa tante (à elle) viennent de Esch.

→ ....

CHAPITRE 13 : LES POSSESSIFS

4 Traduisez les phrases suivantes.

a. Mäi Brudder spillt Piano.

→ ....

b. Eis Grousseltere wunne bei eis (*chez nous*).

→ ....

c. Wéi al sinn deng Kanner?

→ ....

d. Schafft Är Mamm?

→ ....

e. De Paul huet zwee Kanner, säi Meedchen heescht Claire a säi Jong heescht Michel.

→ ....

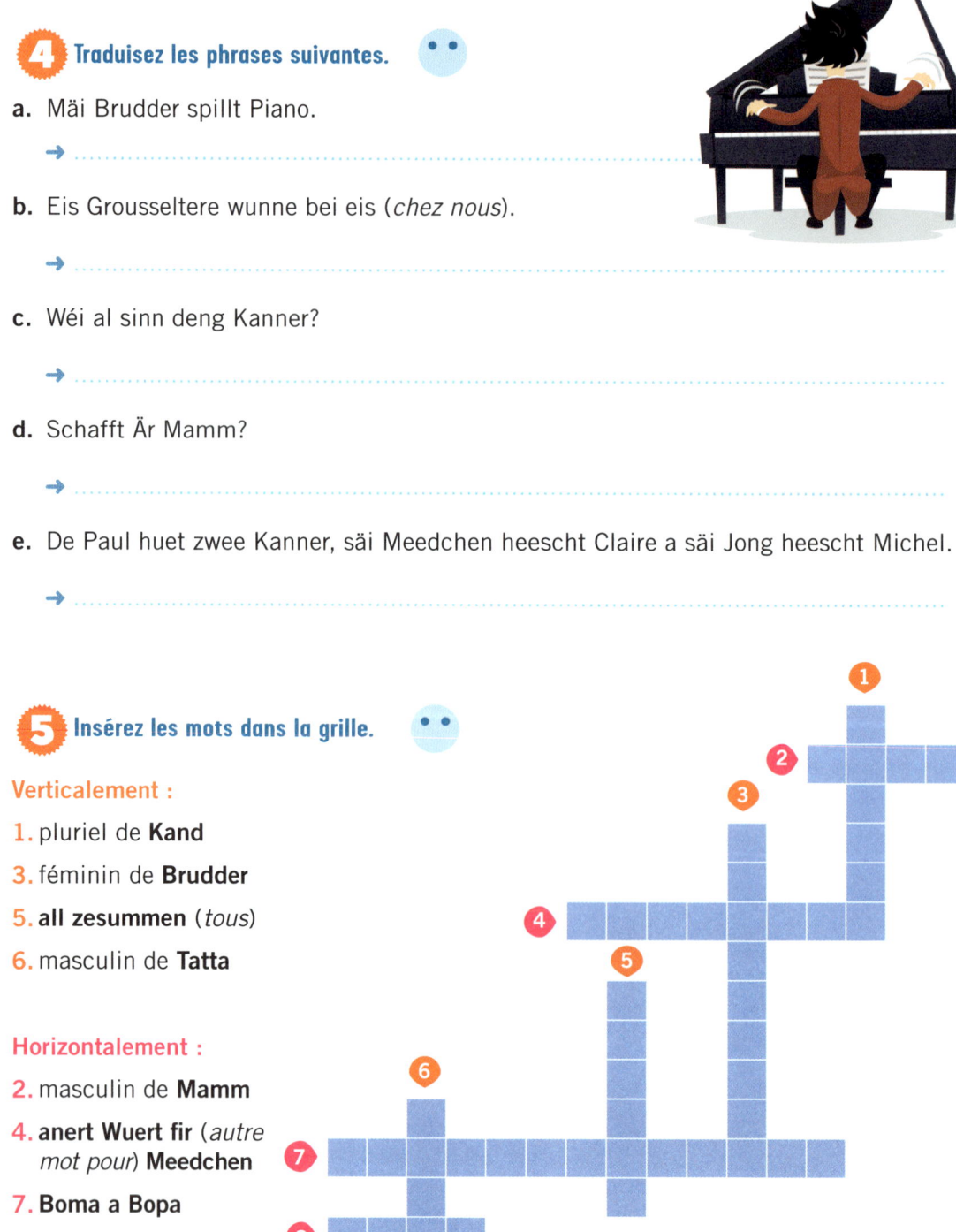

5 Insérez les mots dans la grille.

Verticalement :

1. pluriel de **Kand**
3. féminin de **Brudder**
5. **all zesummen** (*tous*)
6. masculin de **Tatta**

Horizontalement :

2. masculin de **Mamm**
4. **anert Wuert fir** (*autre mot pour*) **Meedchen**
7. **Boma a Bopa**
8. **anert Wuert fir** (*autre mot pour*) **Fils**

CHAPITRE 13 : LES POSSESSIFS

La construction possessive

La construction possessive se compose de deux éléments.

- Le premier élément est le possesseur (être vivant, toujours au datif).
- Le deuxième élément est l'objet, l'être vivant ou la chose possédée. Cet élément est précédé par un adjectif possessif.

  – **Dat ass dem Pierre säin Neveu/seng Niess.** (Littéralement : *C'est à Pierre son neveu/sa nièce = C'est le neveu/la nièce de Pierre.*)

  – **Der Fra hire Präbbeli/hiert Haus ass schéin.** (Littéralement : *À la femme le parapluie/la maison est beau/belle = Le parapluie/la maison de la femme est beau/belle.*)

  – **Ech hu menge Kanner hir Bicher schonn all kaaft.** (Littéralement : *J'ai déjà acheté à mes enfants tous leurs livres = J'ai déjà acheté tous les livres de mes enfants.*)

6 **Formez des phrases suivant l'exemple.**
Exemple : Marc/Papp schafft zu Esch → Dem Marc säi Papp schafft zu Esch.

a. Claudine/Mamm ass Coiffeuse.

  → ....

b. Madamm Feltes/Mann huet Congé.

  → ....

c. Tom/Brudder wunnt an Australien.

  → ....

d. Famill Kalmes/Hond billt (*aboie*) ëmmer.

  → ....

e. Här Jacobs/Fra kacht net gär.

  → ....

f. Kanner/Groussëltere sinn nach jonk (*encore jeunes*).

  → ....

CHAPITRE 13 : LES POSSESSIFS

7 Complétez les phrases en tenant compte de l'arbre généalogique.

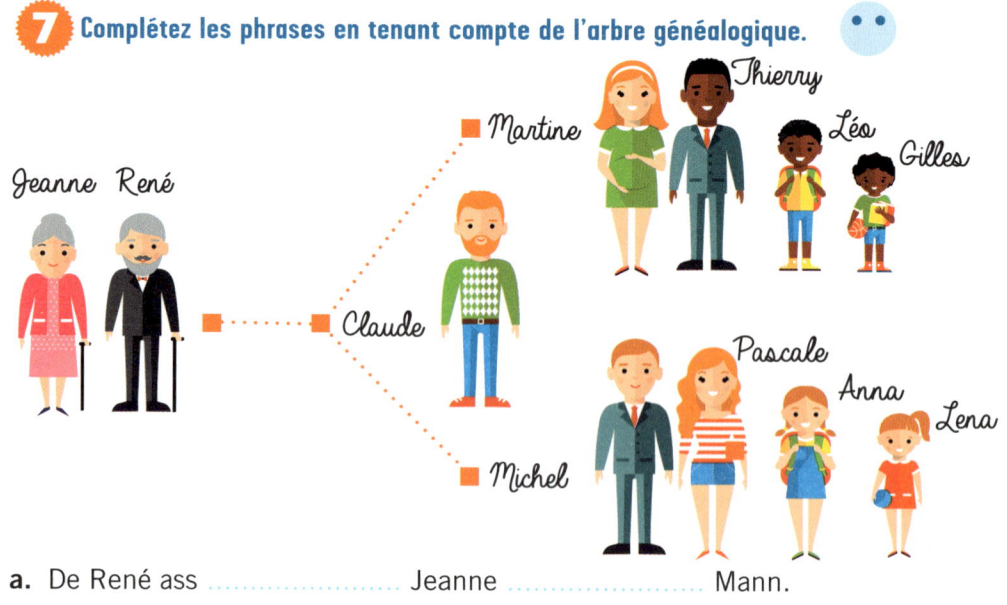

a. De René ass .... Jeanne .... Mann.

b. De Michel an de Claude sinn .... Martine .... Bridder (*pl. de* Brudder).

c. D'............... ass .... Anna .... Schwëster.

d. D'Jeanne ass .... Léo ....

e. D' Pascale ass .... Gilles ....

f. De Léo ass .... Lena .... Cousin.

g. D'Martine ass .... René an .... Jeanne .... Duechter.

Banque de mots

E puer Kierperdeeler :
(*Quelques parties du corps*)
Kapp [m.] (*tête*)
Gesiicht [n.] (*visage*)
Nues [f.] (*nez*)
A [n.], **Aen** (*œil, yeux*)

Mond [m.] (*bouche*)
Ouer [n.], **Oueren** (*oreille(s)*)
Hoer [n.], **Hoer** (*cheveu(x)*)
Aarm [m.], **Äerm** (*bras*)
Hand [f.], **Hänn** (*main(s)*)
Been [n.], **Been** (*jambe(s)*)
Fouss [m.], **Féiss** (*pied(s)*)

CHAPITRE 13 : LES POSSESSIFS

 Indiquez le nom des différentes parties du corps.

 Complétez les phrases suivantes.

Dem Mann…
säi Kapp ass déck.

Der Fra…
hire Kapp ass kleng.

a. .... ass ronn.
b. .... si kleng.
c. .... ass laang.
d. .... ass grouss.
e. .... si grouss.
f. .... si kuerz.
g. .... si kuerz.
h. .... si grouss.
i. .... si grouss.

j. .... ass oval.
k. .... si grouss.
l. .... ass kuerz.
m. .... ass kleng.
n. .... si kleng.
o. .... si laang.
p. .... si laang.
q. .... si kleng.
r. .... si kleng.

CHAPITRE 13 : LES POSSESSIFS

Le pronom possessif

- Le pronom possessif (*le mien*, *le tien*, *le sien*, *le leur*, etc.) se rapporte à un nom déjà cité, qui est lui-même précédé par un adjectif possessif. Il se décline comme l'adjectif possessif.

  – **Ass dat däin Auto? Jo, dat ass mäin.**
  (*Est-ce ta voiture ? Oui, c'est la mienne.*)

- Au nominatif et à l'accusatif neutre singulier, quand le possesseur est **ech**, **du**, **hien** ou **hatt**, on ajoute un **-t** à l'adjectif possessif.

  – **Ass dat däin Haus? Jo, dat ass mäint.**
  (*Est-ce ta maison ? Oui, c'est la mienne.*)

  – **Ass dat säi Buch? Nee, dat ass mäint.**
  (*Est-ce son livre ? Non, c'est le mien.*)

- Le pronom possessif peut faire partie d'une question du type **Wiem säin/seng ... ass dat/sinn dat?**

  – **Wiem säin Handy ass dat?** (Littéralement : *À qui son téléphone portable est-ce ?* = *À qui appartient ce téléphone portable ?*)

  – **Wiem seng Schold ass dat?** (Littéralement : *À qui sa faute est-ce ?* = *De qui est-ce la faute ?*)

  – **Wiem seng Hënn sinn dat?** (Littéralement : *À qui ses chiens sont-ce ?* = *À qui appartiennent ces chiens ?*)

10 Posez la question adéquate pour connaître le propriétaire. Répondez ensuite en utilisant le pronom possessif. Exemple : Meng Schwëster wunnt an Amerika.
→ Wiem seng Schwëster wunnt an Amerika? – Meng.

a. Dem Claire säi Meedche studéiert Droit. → ....

b. Dem Maxime seng Ae si blo. → ....

c. Eis Eltere sinn nach jonk. → ....

d. Mäi Kand geet an d'Schoul. → ....

e. Dem Isabelle säi Gesiicht ass schéin (*beau*). → ....

Bravo, vous êtes venu(e) à bout du chapitre 13 ! Il est maintenant temps de comptabiliser les icônes et de reporter le résultat en page 128 pour l'évaluation finale.

14
L'impératif

- On emploie la phrase impérative pour donner un ordre ou pour adresser une requête. Le verbe, à la deuxième personne du singulier ou du pluriel, occupe la première position. L'impératif se forme au singulier sur le radical de l'infinitif et par l'ajout d'un **-t** au pluriel.

    – **Lies däi Buch!** (*Lis ton livre !*)

    – **Ënnerschreift hei!** (*Signez ici !*)

    – **Maach d'Fënster zou!** (*Ferme la fenêtre !*)

    – **Rufft mir haut den Owend un!** (*Appelez-moi ce soir !*)

- Certains verbes très courants ont une forme d'impératif irrégulière.

    – **Sinn** (*être*) ➔ **sief** (*sois*), **sidd** (*soyez*)

    – **Hunn** (*avoir*) ➔ **hief** (*aie*), **hutt** (*ayez*)

    – **Goen** (*aller*) ➔ **géi** (*va*), **gitt** (*allez*)

    – **Ginn** (*donner*) ➔ **gëff** (*donne*), **gitt** (*donnez*)

    – **Stoen** (*être debout*) ➔ **stéi** (*sois debout*), **stitt** (*soyez debout*)

- Ce dernier verbe est souvent employé avec des particules séparables, comme **op**.

    – **Stéi op!** (*Lève-toi !*) – **Stitt op!** (*Levez-vous !*)

 Passez du vouvoiement au tutoiement.

a. Kommt an de Büro! ➔ ....

b. Léiert Är Vokabelen! ➔ ....

c. Schreift den Exercice! ➔ ....

d. Huelt den Auto aus dem Garage! ➔ ....

e. Bréngt mir (*à moi*) e Kaffi! ➔ ....

CHAPITRE 14 : L'IMPÉRATIF

2 Passez du tutoiement au vouvoiement.

a. Géi net sou séier (*pas si vite*)! → ....

b. Gëff mir eng Hand! → ....

c. Sief roueg (*tranquille*)! → ....

d. Hief e Moment Gedold (*patience*)! → ....

e. Stéi net sou laang am Reen → ....
(*litt. : ne reste pas debout si longtemps sous la pluie*)!

Particules séparables

Certains verbes ont une particule séparable qui se détache du verbe simple pour se placer à la fin de la phrase. En raison de la règle du **-n**, le **-n** disparaît de la particule devant certaines consonnes (**u** = **un**/**a** = **an**), mais réapparaît une fois la particule détachée du verbe simple. C'est notamment le cas à l'impératif.

– **u/fänken** (*commencer*) → **ech fänken un** (*je commence*), **fänk un!** (*commence !*), **fänkt un!** (*commencez !*)

– **op/halen** (*arrêter*) → **mir halen op** (*nous arrêtons*), **hal op!** (*arrête !*), **haalt op!** (*arrêtez !*)

Banque de mots
Voici quelques verbes à particule séparable :

un/doen (*mettre* (*un vêtement*))
u/fänken (*commencer*)
op/halen (*arrêter*)
eraus/goen (*sortir*)
mat/goen (*accompagner* (*aller avec*))
era/kommen (*entrer*)
mat/maachen (*participer*)
op/maachen (*ouvrir*)
zou/maachen (*fermer*)
op/stoen (*se lever*)

CHAPITRE 14 : L'IMPÉRATIF

3. Insérez les mots à l'impératif dans la grille.

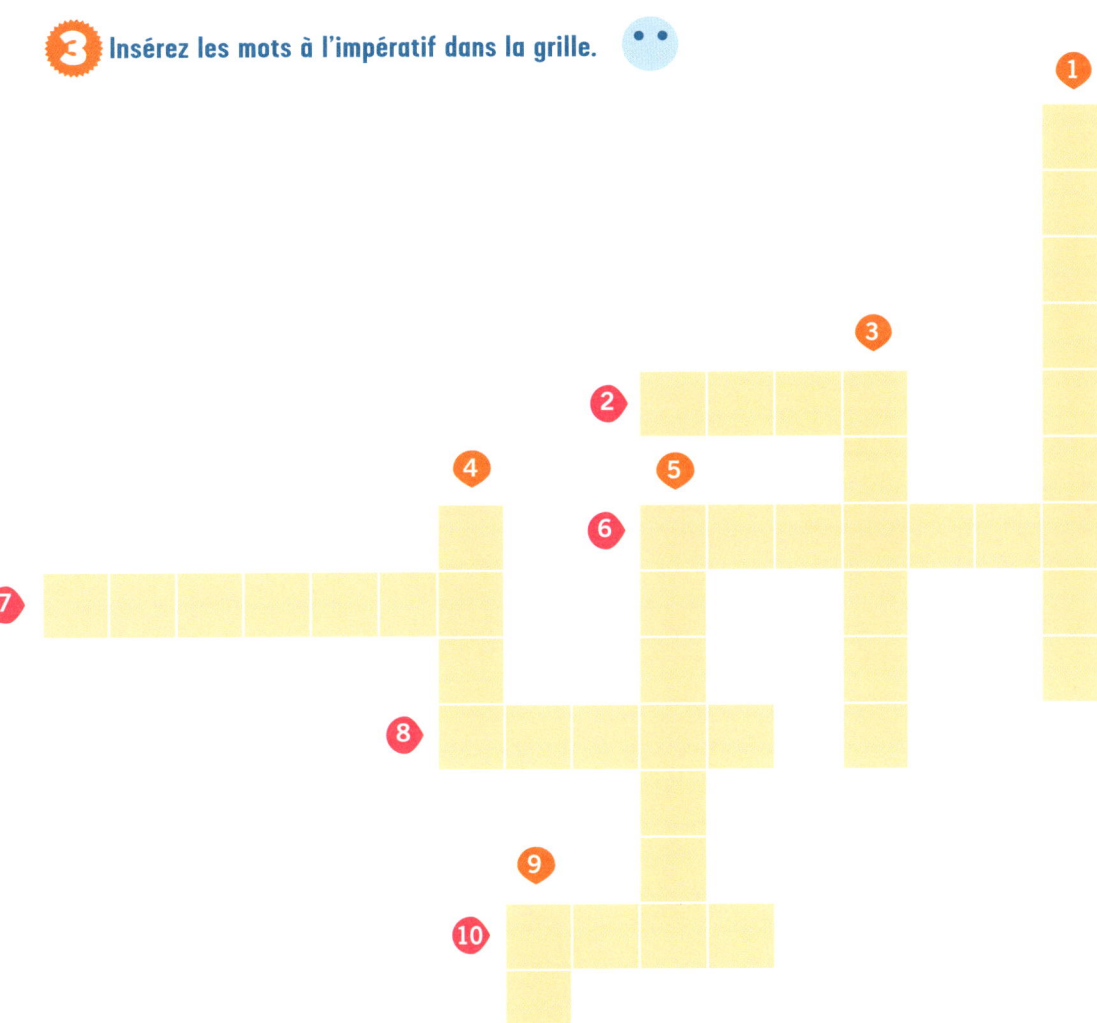

Verticalement :

1. **lauschteren** au singulier
3. **maachen** au pluriel
4. **sinn** au singulier
5. **schreiwen** au singulier
9. **goen** au singulier

Horizontalement :

2. **kommen** au singulier
6. **schaffen** au pluriel
7. **verstoen** au singulier
8. **fueren** au pluriel
10. **ginn** au singulier

CHAPITRE 14 : L'IMPÉRATIF

4 Traduisez les phrases suivantes.

a. **Fänkt mat schaffen un!**
→ ....

b. **Stitt um 6 Auer op!**
→ ....

c. **Maach beim Concours mat!**
→ ....

d. *Maach d'Dier (la porte) zou!*
→ ....

e. **Maacht d'Fënster (la fenêtre) op!**
→ ....

f. **Do e Pullover un!**
→ ....

Demander ou indiquer le chemin

Pour répondre à une question du type **Entschëllegt, wéi kommen ech bei d'Schoul/d'Gemeng/de Supermarché?** (*Excusez-moi, comment est-ce que j'arrive à l'école/à la mairie/au supermarché ?*), on peut répondre par un verbe à l'impératif (singulier ou pluriel selon le cas).

– **Géi/gitt riichtaus!** (*Va/allez tout droit !*)

– **Huel/huelt déi zweet Strooss lénks!** (*Prends/prenez la deuxième rue à droite !*)

– **Béi/béit riets of!** (*Tourne/tournez à droite !*)

CHAPITRE 14 : L'IMPÉRATIF

Banque de mots

goen (*aller*)
huelen (*prendre*)
of/béien (*tourner*)
(no) lénks ((*à*) *gauche*)
(no) riets ((*à*) *droite*)
riichtaus (*tout droit*)
(bis) bei ((*jusqu'*)*à/au*)
1./2./3. Strooss (*1re/2e/3e rue*)
1./2./3. Dier (*1re/2e/3e porte*)
um 1./2./3. Stack (*au 1er/2e/3e étage*)
Kräizung (*carrefour*)
rout Luucht (*feu*)

5 Mémorisez les mots ci-dessus et complétez les phrases.

a. E..............., w............... kommen ech vun hei b............... d'Gemeng?
G........... r............... bis bei d'K..............., dann déi 1.
S............... no l...............

b. E..............., w............... kommen ech vun hei bei d'Schoul?
G............... no r............... bis bei d'r............... L...............,
dann ëmmer r............... an dann déi 4. S............... no l...............

c. E..............., wou ass dem Här Calmes säi Büro?
H............... hei de Lift bis op de 5. St..............., g...............
no l............... an dem Här Calmes säi Büro ass déi 3. D...............
r...............

6 Cherchez l'intrus.

a. rout Luucht
b. Kräizung
c. Dier

a. Rond-point
b. Stack
c. Lift

a. riichtaus
b. lénks
c. éischt

a. Huelt
b. Entschëllegt
c. Gitt

CHAPITRE 14 : L'IMPÉRATIF

Les pronoms personnels à l'accusatif et au datif

Selon sa fonction dans la phrase (COD ou COI), la construction du verbe ou la préposition avec laquelle il est employé, le pronom personnel change de forme.

Pronom personnel	Accusatif (COD)	Datif (COI)
ech	mech	mir
du	dech	dir
hien	hien	him
si	si	hir
hatt	hatt	him
mir	eis	eis
dir	iech	iech
Dir	lech	lech
si	si	hinnen

– **Si gesi mech samschdes um Maart.** (*Ils me voient tous les samedis au marché.*)

– **Ech soen him, wat ech denken.** (*Je lui dis ce que je pense.*)

– **Ech ruffen dir muer un.** (*Je t'appellerai demain.*)

Banque de mots
Voici quelques verbes, suivis de l'accusatif (Acc.) ou du datif (Dat.) pour la personne :

erklären + Dat. (*expliquer à qqn*)

erzielen + Dat. (*raconter à qqn*)

froen + Acc. (*demander à qqn*)

ginn + Dat. (*donner à qqn*)

hëllefen + Dat. (*aider qqn*)

no/lauschteren + Dat. (*écouter qqn*)

léinen + Dat. (*prêter à qqn*)

u/ruffen + Dat. (*appeler qqn au téléphone*)

soen + Dat. (*dire à qqn*)

CHAPITRE 14 : L'IMPÉRATIF

7 Mettez le pronom personnel adéquat.
Exemple : So ___ (ech) d'Wourecht (*la vérité*)! → So mir d'Wourecht!

a. Erziel .... (si, pl.) eng Geschicht (*une histoire*)!

b. Erklaërt .... (mir) den Exercice!

c. Léin .... (ech) däin Auto!

d. Hëllef .... (hien) beim Schaffen!

e. Lauschtert .... (si, sg.) gutt no!

f. Fro .... (ech) net!

g. Gëff .... (hatt) deng Adress!

h. Sot .... (mir) sou séier wéi méiglech Bescheed! (*Informez-nous le plus vite possible !*)

8 Passez du tutoiement au vouvoiement.

a. Moien, wéi geet et dir? → ....

b. Gutt, an dir? Kann ech dech eppes froen? → ....

c. Jo, natierlech, wat wëlls du wëssen? → ....

d. Fiers du muer de Moie mam Auto an d'Stad? → ....

e. Jo, kann ech dir hëllefen? → ....

f. Jo, kanns du mech mathuelen? → ....

g. Kloer, um wéi vill Auer soll ech dech siche kommen? → ....

Pronom au datif

Certains verbes courants se construisent avec un pronom au datif.

– **Et deet mir leed**. (Littéralement : *À moi cela fait de la peine = Je suis désolé.*)

– **Et ass mir kal/waarm**. (Littéralement : *À moi c'est chaud/froid = J'ai froid/chaud.*)

– **Et ass mir egal**. (Littéralement : *À moi cela est égal = Cela m'est m'égal.*)

– **Wéi geet et dir? Et geet mir gutt.** (Littéralement : *Comment vas-tu ? À moi cela va bien = Comment vas-tu ? Je vais bien.*)

CHAPITRE 14 : L'IMPÉRATIF

9 Reliez les phrases en luxembourgeois à leur traduction en français.
Exemple : Et ass mir kal → *J'ai froid.*

1. Et deet him leed
2. Et ass hinne waarm
3. Et ass eis schlecht
4. Et ass dir egal
5. Et deet iech wéi
6. Et geet hir gutt

a. Vous avez mal
b. Tu t'en fiches
c. Il est désolé
d. Ils ont chaud
e. Nous nous sentons mal
f. Elle va bien

10 Reliez les situations aux conseils adéquats.

1. Et ass mir schlecht
2. Et ass mir kal
3. Et ass mir waarm
4. Mäi Kapp deet mir wéi
5. Mir ass alles egal
6. Et deet mir leed

a. Do e Pullover un!
b. Entschëlleg dech!
c. Huel eng Pëll géint de Kappwéi!
d. Iess net sou vill Schockela!
e. Interesséier dech fir eppes!
f. Maach d'Fënster op!

Bravo, vous êtes venu(e) à bout du chapitre 14 ! Il est maintenant temps de comptabiliser les icônes et de reporter le résultat en page 128 pour l'évaluation finale.

15 Comparer

- Pour former le comparatif d'égalité, on emploie la tournure suivante : **sou** + adjectif ou adverbe … **wéi** (*aussi* + adjectif ou adverbe … *que*).
  - **Hien ass sou grouss wéi seng Schwëster.** (*Il est aussi grand que sa sœur.*)
  - **Mir si sou motivéiert wéi si.** (*Nous sommes aussi motivés qu'eux.*)
  - **Si leeft sou séier wéi ech.** (*Elle court aussi vite que moi.*)
- Pour former le comparatif de supériorité, on emploie la tournure : **méi** + adjectif ou adverbe … **wéi** (*plus* + adjectif ou adverbe … *que*)
  - **De Pierre ass méi al wéi de Guy.** (*Pierre est plus âgé que Guy.*)
  - **Si kënnt méi dacks wéi den Noper.** (*Elle vient plus souvent que le voisin.*)

1 Reliez les opposés.

1. DÉCK 2. GROUSS 3. LAANG 4. LUES 5. SCHÉIN 6. SCHWÉIER 7. AL

a. ELLEN b. LIICHT c. SCHLANK d. KUERZ e. KLENG f. SÉIER g. JONK

Banque de mots

al (*vieux*)
jonk (*jeune*)
nei (*nouveau, neuf*)
déck (*gros*)
dënn (*fin*)

schlank (*mince*)
grouss (*grand*)
kleng (*petit*)
laang (*long*)
kuerz (*court*)
liicht (*léger, facile*)

schwéier (*lourd, difficile*)
lues (*lent*)
séier (*rapide*)
schéin (*beau*)
ellen (*moche*)

CHAPITRE 15 : COMPARER

2 Comparez, comme dans l'exemple.
Exemple : Jean 1.82m/Jeanne 1.65/grouss → De Jean ass méi grouss wéi d'Jeanne.

a. d'Karin 20 Joer/d'Claire 22 Joer/al

→ ....

b. den TGV/de Regionalzuch/séier

→ ....

c. d'Prinzessin/d'Monster/schéin

→ ....

d. dem Rapunzel seng Hoer/meng Hoer/laang

→ ....

e. Chineesesch/Lëtzebuergesch/schwéier

→ ....

f. Paräis/Lëtzebuerg/grouss

→ ....

Comparatifs irréguliers

- **gutt** (*bon*) → **besser** (*meilleur*)
- **vill** (*beaucoup*) → **méi** (*plus*)
- **wéineg** (*peu*) → **manner** (*moins*)
- **gär** (*volontiers*) → **léiwer** (*de préférence ; plus volontiers*)

Exprimer une préférence

On emploie l'adverbe **léiwer** pour indiquer ce qu'on préfère.

Ech hu léiwer Roude Wäi mam Fleesch. (*Je préfère le vin rouge avec de la viande.*)

Hien drénkt léiwer Téi wéi Kaffi. (*Il préfère* (*boire*) *le thé au café.*)

CHAPITRE 15 : COMPARER

3 Traduisez les phrases suivantes.

a. Tu parles mieux français que moi.
   → ....
b. Bill Gates a plus d'argent (**Suen**) que moi.
   → ....
c. Ici travaillent moins de femmes que d'hommes.
   → ....
d. Pierre joue mieux au tennis que Paul.
   → ....
e. Marie a plus d'enfants que Maurice.
   → ....
f. En juillet j'ai moins de travail (**Aarbecht**) qu'en janvier.
   → ....

Banque de mots

Voici quelques aliments et boissons :

Béier [m.] (*bière*)
Brout [n.] (*pain*)
Fësch [m.] (*poisson*)
Fleesch [n.] (*viande*)
Geméis [n.] (*légumes*)
Gromperen [pl.] (*pommes de terre*)
Jus [m.] (*jus*)
Kaffi [m.] (*café*)
Nuddelen [pl.] (*pâtes*)
Räis [m.] (*riz*)
Spruddelwaasser [n.] (*eau gazeuse*)
Téi [m.] (*thé*)
Uebst [n.] (*fruits*)
platt Waasser [n.] (*eau plate*)
Roude Wäin [m.] (*vin rouge*)
Wäisse Wäin [m.] (*vin blanc*)

CHAPITRE 15 : COMPARER

Article partitif

Il n'y a pas d'article partitif (*du*, *de la*, *des*) en luxembourgeois.

– **Ech drénke Wäin.** (*Je bois du vin.*)

– **Du drénks Waasser.** (*Tu bois de l'eau.*)

– **Hutt Dir Brout?** (*Avez-vous du pain ?*)

4 Complétez les phrases suivantes en disant ce que vous préférez.
Exemple : Ech iesse gär Fleesch, mee ech iesse léiwer Fësch.
(*J'aime bien manger de la viande, mais je préfère manger du poisson.*)

a. Ech drénke gär Roude Wäin, mee ech drénke léiwer → ....

b. Ech iesse gär Uebst, mee ech iesse léiwer → ....

c. Ech drénke gär Jus, mee → ....

d. Ech drénke gär Spruddelwaasser, mee → ....

e. Ech drénke gär Téi, mee → ....

5 Comme dans l'exemple, formez des phrases à partir des groupes de mots fournis.
Exemple : wunnen/an der Stad /um Land (*à la campagne*)
→ Ech wunne léiwer an der Stad wéi um Land.

a. *schaffen - op der Bank - op der Gemeng*
→ ....

b. **iessen - am Restaurant - doheem** (à la maison)
→ ....

c. **schlofen - doheem - am Hotel**
→ ....

d. **kucken - e Film am Kino - e Film op der Tëlee**
→ ....

e. **joggen - am Bësch** (dans la forêt) **- op der Strooss**
→ ....

CHAPITRE 15 : COMPARER

Comment dire « le plus volontiers »

- La forme superlative de **gär** est **am léifsten**, pour désigner ce que l'on aime le plus.
  - **Hie liest am léifste Romaner.** (*Il lit le plus volontiers* (= il préfère lire) *des romans.*)
  - **Si geet am léifsten eleng spadséieren.** (*Elle va le plus volontiers* (= elle préfère) *se promener seule.*)

6 Indiquez votre préférence absolue (celle qui est soulignée).
lessen: Glace, Kuch, Schockela → Ech iessen am léifste Schockela.

a. **Liesen: Zeitungen** (journaux)/**Romaner**/BDen

→ ....

b. **Lauschteren: Jazzmusek/Rockmusek/klassesch Musek**

→ ....

c. **Kucken: Krimien** (policiers)/**Documentairen**/**Serien**

→ ....

d. **Drénken: Kaffi**/Téi/Schocki

→ ....

e. **Spillen: Kaarten/Schach/Monopoly**

→ ....

7 Complétez par <u>gär</u>, <u>léiwer</u> ou <u>am léifsten</u>.   *gär*   *léiwer*   *am léifsten*

a. Kucks du .... d'Tëlee?

b. Jo, mee ech gi .... an de Kino.

c. Wat drénks du .... ? Schampes, Béier oder Wäin?

d. Wunns du .... zu Esch oder zu Ettelbréck?

e. Gi mir an de Kino, an den Theater oder an d'Disco? .... bleiwen (*rester*) ech doheem.

f. Fuert Dir .... mam Auto oder mam Zuch an d'Vakanz?

CHAPITRE 15 : COMPARER

Banque de mots

Kleeder [pl.], **Gezei** [n.] (*les vêtements*)

Blus [f.] (*chemisier*)

Box [f.] (*pantalon*)

Hiem [n.] (*chemise*)

Jackett [f.] (*veste*)

Jupe [f.] (*jupe*)

Mantel [m.] (*manteau*)

Pullover [m.] (*pull-over*)

Rack [m.] (*robe*)

Schong [pl.] (*chaussures*)

Préférences

Pour demander la préférence d'une personne, on emploie l'expression **Wat gefält dir/lech besser?** (*Qu'est-ce qui te/vous plaît plus ? Qu'est-ce que vous préférez ?*)

8 À l'aide des groupes de mots suivants, demandez quelles sont les préférences en termes de couleurs, puis répondez en utilisant la couleur soulignée.

Wat gefält lech besser, …?

a. gréng/<u>blo</u>/Rack ➜ ....

b. gro/<u>schwaarz</u>/Box ➜ ....

c. <u>rout</u>/giel/Hiem ➜ ....

d. <u>gro</u>/wäiss/Jackett ➜ ....

e. hellblo/<u>donkelblo</u>/Blus ➜ ....

f. schwaarz/<u>brong</u>/Schong ➜ ....

CHAPITRE 15 : COMPARER

9 Traduisez les phrases suivantes, en vous rappelant que l'article devant les couleurs ne se traduit pas.

a. J'aime bien le noir. → ....

b. Je préfère le rouge. → ....

c. Préfères-tu le rouge ou le noir ? → ....

d. C'est le bleu que j'aime le plus. → ....

Comment dire « préféré » ?

Pour désigner une chose ou une personne préférée, on peut faire précéder le nom par **Liblingsbuch** (emprunté de l'allemand). On peut dire par exemple : **Mäi Liblingsfilm ass** *Titanic*.
(*Mon film préféré est* Titanic.)

10 Composez des substantifs, combinez-les et faites des phrases.

→ Mäi Liblingsbuch ass Harry Potter.
→ ....
→ ....
→ ....
→ ....

Bravo, vous êtes venu(e) à bout du chapitre 15 ! Il est maintenant temps de comptabiliser les icônes et de reporter le résultat en page 128 pour l'évaluation finale.

16
Les verbes ginn et kréien

- Les verbes **ginn** (*devenir* et *donner*) et **kréien** (*recevoir*) se conjuguent de la manière suivante au présent de l'indicatif :

Ginn	Kréien
ech ginn	ech kréien
du gëss	du kriss
hien/si/hatt gëtt	hien/si/hatt kritt
mir ginn	mir kréien
Dir/dir gitt	Dir/dir kritt
si ginn	si kréien

- Ces verbes ont un sens propre, mais sont aussi employés pour désigner le « futur » de **sinn** (**ginn**) et de **hunn** (**kréien**).

  – **Ech ginn d'nächst Woch groussjäreg.** (*La semaine prochaine je serai majeur.*)

  – **E Sonndeg kritt de Matteo 5 Joer.** (*Dimanche Matteo recevra 5 ans = Dimanche Matteo aura 5 ans.*)

❶ Mettez au « futur » en remplaçant <u>hunn</u> par <u>kréien</u>.

a. Ech hunn Honger. ➔ ....

b. Du hues Duuscht. ➔ ....

c. Hien huet en Auto. ➔ ....

d. Mir hunn de Bauch wéi. ➔ ....

e. Dir hutt e Bëbee. ➔ ....

f. Si hunn eng Glatz (*pas de cheveux*). ➔ ....

CHAPITRE 16 : LES VERBES GINN ET KRÉIEN

2 Mettez au « futur » en remplaçant sinn par ginn.

a. *Ech si gesond.* → ....

b. *Du bass hongereg.* → ....

c. *Hien ass duuschtereg.* → ....

d. *Mir sinn nervös.* → ....

e. *Dir sidd Client.* → ....

f. *Si si Lëtzebuerger.* → ....

3 Complétez par le verbe ginn ou kréien.

 ginn kréien

a. Mäi Papp ass Dokter an ech wëll och Dokter _____ .

b. Wéini _____ Dir Ären neien Auto?

c. Wie _____ en Oscar fir de beschte Film?

d. De Paul _____ am Mee Papp, seng Fra _____ e Kand.

e. Dat neit Buch vum Stephen King _____ eng gutt Kritik.

f. D'Léa _____ am August 18 Joer.

CHAPITRE 16 : LES VERBES GINN ET KRÉIEN

4 Reliez les phrases à leur traduction.

1. Je rougis. ☐
2. La soupe refroidit. ☐
3. Je tombe malade. ☐
4. Je maigris. ☐
5. La bière chauffe. ☐
6. Je grossis. ☐
7. Je fatigue. ☐

☐ **a.** Ech gi krank.
☐ **b.** Ech gi midd.
☐ **c.** D'Zopp gëtt kal.
☐ **d.** Ech gi rout.
☐ **e.** Ech ginn déck.
☐ **f.** Ech ginn dënn.
☐ **g.** De Béier gëtt waarm.

5 Notez, à la suite de chaque phrase, la conséquence de l'action relatée.

a. En Onbekannten (*un inconnu*) schwätzt mat mir.

→ ....

b. Ech iessen ze vill Chips.

→ ....

c. Ech muss laang waarden (*attendre*).

→ ....

d. Ech maachen e Regime.

→ ....

e. Ech schaffe vill.

→ ....

CHAPITRE 16 : LES VERBES GINN ET KRÉIEN

6 Indiquez si le verbe <u>ginn</u> signifie dans les phrases suivantes « donner » ou « devenir ».

a. Mir wëllen der Coiffeuse en Drénkgeld (*pourboire*) ginn. ☐

b. D'Sandra wëllt Serveuse ginn. ☐

c. Gitt mir wgl. den Dokter un den Apparat! ☐

d. Wat fir e Kaddo wëllt Dir dem Client ginn? ☐

e. Wëllt Dir Client bei eis ginn? ☐

① *donner*

② *devenir*

Les professions

- Pour féminiser les noms de métier, on ajoute en général **-in** à la fin du mot.
  - **e Riichter** (*un juge*) → **eng Riichterin** (*une juge*)
  - **en Affekot** (*un avocat*) → **eng Affekotin** (*une avocate*)
- Il y a bien sûr certaines exceptions.
  - **e Schoulmeeschter** (*un instituteur*) → **eng Léierin** (*une institutrice*)
- Attention également à certaines terminaisons irrégulières.
  - **er → esch** : **en Dokter** (*un docteur*) → **eng Doktesch** (*une femme médecin*)
  - **er → euse** : **e Coiffer** → **eng Coiffeuse**
  - **ien → ienne** : **e Mecanicien** → **eng Mecanicienne**

CHAPITRE 16 : LES VERBES GINN ET KRÉIEN

7 Modifiez les phrases suivantes en masculinisant les noms et les professions.

a. D'Madamm Kayser ass Doktesch am Centre Hospitalier.

   → ....

b. Mäi Meedche wëllt Architektin ginn. → ....

c. Hunn Är Kanner eng Léierin? → ....

d. D'Frida Kahlo ass eng bekannt Molerin. → ....

e. D'Journalistin interviewt d'Politikerin. → ....

f. Meng Coiffeuse heescht Léini. → ....

8 Dans la grille de mots croisés, trouvez dix professions au féminin dont la liste figure ci-dessous au masculin.

L	B	S	I	S	N	Y	F	Z	X	G	V	V	C	V	H	A	I
V	Ä	C	T	B	G	L	É	I	E	R	I	N	E	G	C	P	N
W	C	M	W	X	F	C	I	X	K	B	I	L	J	H	M	K	F
H	K	O	F	C	Q	A	P	D	E	R	W	U	I	L	I	N	O
C	E	Z	Y	Y	L	V	Q	W	Z	E	W	H	T	X	N	C	R
E	S	C	H	A	U	S	P	I	L	L	E	R	I	N	I	Z	M
D	C	O	K	Y	C	P	T	C	G	A	R	U	C	F	S	S	A
U	H	K	Q	Q	G	A	R	A	G	I	S	T	I	N	T	Y	T
C	Q	P	L	L	K	H	V	M	E	R	E	X	T	Q	E	B	I
A	I	R	F	F	H	H	Q	R	C	H	T	I	R	M	S	P	K
T	G	A	I	I	P	T	L	O	V	E	Z	V	X	N	C	R	E
R	I	F	E	E	M	P	L	O	Y	É	E	Z	P	Y	H	K	R
I	E	R	F	F	J	U	R	A	Z	P	R	I	K	L	U	M	I
C	J	A	T	T	R	A	Q	A	J	F	I	M	U	Z	E	U	N
E	P	O	L	I	Z	I	S	T	I	N	N	P	Q	S	I	N	N

Educateur - Bäcker - Schauspiller (acteur) - Informatiker
Employé - Iwwersetzer (traducteur) - Polizist - Minister
Garagist - Schoulmeeschter

CHAPITRE 16 : LES VERBES GINN ET KRÉIEN

Les composés de kréien

Le verbe **kréien**, dans le sens de *arriver à*, peut se combiner à différentes prépositions (**op/zou/un/aus/an**.../**aus**...), qui modifient le sens du verbe.

– **Ech kréien d'Dier net op**.
  (Littéralement : *Je ne reçois pas la porte ouverte*
  → *Je n'arrive pas à ouvrir la porte.*)

– **Hie kritt säin Handy net un**.
  (Littéralement : *Il ne reçoit pas son téléphone portable allumé*
  → *Il n'arrive pas à allumer son téléphone portable.*)

9. Traduisez les phrases suivantes.

a. Ech kréien d'Fënster net zou.

→ ....

b. Mir kréien d'Dier net op.

→ ....

c. Ech kréien d'Wallis net an den Auto.

→ ....

d. Mir kréien de Fleck (*la tache*) net aus dem Tapis.

→ ....

e. Hie kritt d'Tëlee net un.

→ ....

f. Si kritt den Alarm net aus.

→ ....

CHAPITRE 16 : LES VERBES GINN ET KRÉIEN

Ginn et goen : auxiliaires du conditionnel

- Conjugués au conditionnel, les verbes **ginn** et **goen** servent aussi d'auxiliaires à ce mode :

Ginn	Goen
ech géif	ech géing
du géifs	du géings
hien/si/hatt géif	hien/si/hatt géing
mir géifen	mir géingen
Dir/dir géift	Dir/dir géingt
si géifen	si géingen

- Ils sont employés dans certaines tournures telles que **ech géif/ech géing** + **gär** + verbe.
  – **Ech géif/géing gär an de Kino goen**. (*Je voudrais aller au cinéma.*)
  – **Mir géife/géinge gär an d'Vakanz fueren**. (*Nous voudrions aller en vacances.*)
- L'expression **ech hätt** + **gär** + substantif signifie, quant à elle, *je voudrais (avoir)* + nom, littéralement *j'aurais vonlontiers*.
  – **Ech hätt gär en Hond fir Chrëschtdag**. (*Je voudrais avoir un chien pour Noël.*)
  – **Ech hätt gär eng Taass Kaffi**. (*Je voudrais avoir une tasse de café.*)

10 Complétez en conjuguant hunn au conditionnel (en faisant attention à la règle du -n).

a. De Jacques .... gär e Rendez-vous um 5 Auer.

b. An der Vakanz .... mir gär schéint Wieder (*du beau temps*).

c. Wat .... du gär fir däi Gebuertsdag?

d. D'Leit .... gär méi Zäit a manner Stress.

e. .... Dir gär eng Tut (*un sachet*)?

Hunn au conditionnel

ech hätt
du häss
hien/si/hatt hätt
mir hätten
Dir/dir hätt
si hätten

CHAPITRE 16 : LES VERBES GINN ET KRÉIEN

 Remplacez Ech wëll **par** Ech hätt gär, Ech géif gär **ou** Ech géing gär, **en faisant attention, pour chaque phrase, de conserver le bon sujet.**

| *Ech hätt gär* | *Ech géif gär* | *Ech géing gär* |

a. Ech wëll e Kaffi drénken.

→ ....

b. Hatt wëllt e Film kucke goen.

→ ....

c. Mir wëllen eng Glace.

→ ....

d. Si wëllen eng Aarbecht fannen.

→ ....

e. Hie wëllt eng Paus maachen.

→ ....

f. Dir wëllt en neien Auto.

→ ....

Passif : ginn et kréien

Les verbes **ginn** et **kréien** peuvent aussi servir d'auxiliaires pour la voix passive.

– **De Bréifdréier gëtt vum Hond gebass**. (*Le facteur est mordu par le chien.*)

– **Hie kritt en Zant gerappt**. (*Une dent lui est arrachée/On lui arrache une dent.*)

Bravo, vous êtes venu(e) à bout du chapitre 16 ! Il est maintenant temps de comptabiliser les icônes et de reporter le résultat en page 128 pour l'évaluation finale.

17
Le passé composé

- Les verbes **sinn** et **hunn** servent, en tant qu'auxiliaires, à former le passé composé. Ce temps est le plus courant en luxembourgeois pour exprimer une action passée. À cela s'ajoute le prétérit (comme en allemand), qui n'est utilisé que pour quelques verbes comme les verbes **hunn** et **sinn** ou la plupart des verbes de modalité.

- En général, le passé composé regroupe les emplois du passé composé, de l'imparfait et du passé simple en français.

- Le prétérit du verbe **sinn** peut aussi signifier « être allé », par exemple :
  Mir waren d'lescht Joer a Kroatien an d'Vakanz.
  (*L'année passée nous sommes allés en Croatie en vacances.*)

Sinn	Hunn
ech war (*j'étais*)	ech hat (*j'avais*)
du waars	du has
hien/si/hatt war	hien/si/hatt hat
mir waren	mir haten
Dir/dir waart	Dir/dir hat
si waren	si haten

❶ Mettez au passé en utilisant le verbe <u>hunn</u> au prétérit.

a. Ech hunn eng Gripp.
→ ....

b. Du hues keng Zäit.
→ ....

c. Hien huet am Juli Congé.
→ ....

d. Mir hu keng Suen.
→ ....

e. Dir hutt e Problem.
→ ....

f. Si hu vill Honger.
→ ....

CHAPITRE 17 : LE PASSÉ COMPOSÉ

2 Mettez au passé en utilisant le verbe <u>sinn</u> au prétérit.

a. Ech sinn immens midd.

→ ....

b. Du bass hongereg.

→ ....

c. Hien ass an der Schoul.

→ ....

d. Mir si Frënn.

→ ....

e. Dir sidd bestuet (*marié*).

→ ....

f. Si sinn ënnerwee (*en route*).

→ ....

3 Mettez les phrases suivantes au présent.

a. Mir haten net vill Zäit.

→ ....

b. Waars du Member an engem Club?

→ ....

c. De Claude hat immens Chance.

→ ....

d. Dir hat e gudde Proff.

→ ....

e. Waart Dir zefridden (*satisfait*) mam Service?

→ ....

CHAPITRE 17 : LE PASSÉ COMPOSÉ

Indications temporelles

- Le passé composé est souvent accompagné d'indications temporelles telles que :
  - **gëschter** (*hier*), **virgëschter** (*avant-hier*)
  - **d'lescht Woch** (*la semaine dernière*), **de leschte Mount** (*le mois dernier*), **d'lescht Joer** (*l'année dernière*)
  - **virun ... Deeg, Wochen, Méint, Joer** (*il y a ... jours, semaines, mois, années*).
- Si ces indications temporelles sont placées en tête de phrase, on inverse le sujet.
  - **Virun 10 Deeg sinn ech bei den Dokter gaangen.**
    (*Il y a dix jours, je suis allé chez le médecin.*)
  - **Si huet d'lescht Joer hir Pensioun geholl.**
    (*Elle est partie à la retraite l'année dernière.*)
  - **Ech war gëschter beim Zänndokter.**
    (*J'étais hier chez le dentiste.*)

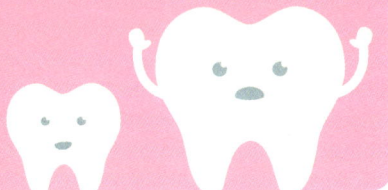

4 Reliez chaque terme à sa traduction.

1. virun zwou Wochen
2. de leschte Mount
3. virun dräi Deeg
4. virgëschter
5. d'lescht Joer
6. gëschter

a. hier
b. l'année passée
c. avant-hier
d. il y a deux semaines
e. il y a trois jours
f. le mois dernier

CHAPITRE 17 : LE PASSÉ COMPOSÉ

Le passé composé

Le passé composé se forme de la manière suivante : auxiliaire + participe passé (à la fin de la phrase). La formation habituelle est : **ge** + radical + **-t**.

– **Ech hunn zu Dikrech gewunnt**. (*J'ai habité à Diekirch.*)

– **Hien huet fir d'Nationalekipp gespillt**. (*Il a joué pour l'équipe nationale.*)

– **Wéi huet hie geheescht?** (*Comment s'appelait-il ?*)

– **Hutt Dir laang fir Lux Air geschafft?** (*Avez-vous travaillé longtemps pour Lux Air ?*)

– **Gëschter hu mir e Fussballsmatch gekuckt**. (*Hier nous avons regardé un match de football.*)

5 Complétez les phrases en utilisant le participe passé adéquat des verbes suivants : spillen, schaffen, kucken, wunnen, heeschen.

a. Mir hu gëschter Owend d'Tëlee ....

b. Hutt Dir an der Vakanz um Camping .... ?

c. De Jacques an ech hunn d'lescht Woch Tennis ....

d. Wéi huet dee gudde Restaurant zu Clierf .... ?

e. Ech hunn haut de ganzen Dag um Büro ....

CHAPITRE 17 : LE PASSÉ COMPOSÉ

Quelques particularités

- Le participe passé des verbes en -**éieren** finit toujours en -**éiert** ; il n'y a jamais de **ge**-.
  - **Si hunn d'Gesetz respektéiert.** (*Ils ont respecté la loi.*)
- D'autres verbes ont un participe passé irrégulier qu'il faut mémoriser, par exemple :
  - **mussen** → **ech hu missen** (*j'ai dû*)
  - **verstoen** → **ech hu verstanen** (*j'ai compris*)
  - **denken** → **ech hu geduecht** (*j'ai pensé*)
  - **huelen** → **ech hu geholl** (*j'ai pris*)

6 Indiquez l'infinitif du verbe utilisé au passé composé.

a. Mir hunn alles probéiert.
→ ....

b. Hien huet si an de Restaurant invitéiert.
→ ....

c. De Polizist huet eis kontrolléiert.
→ ....

d. D'Studenten hunn hir Fichë klasséiert.
→ ....

e. De Kiné huet de Sportler masséiert.
→ ....

7 Cherchez l'infinitif qui correspond au participe passé.

a. **gemaach**
→ ....

b. **gedronk**
→ ....

c. **giess**
→ ....

d. **gefuer**
→ ....

e. **gehollef**
→ ....

CHAPITRE 17 : LE PASSÉ COMPOSÉ

8 Complétez les phrases en utilisant le participe passé adéquat.

- **gelaf** (*lafen*)
- **ginn** (*ginn*)
- **fonnt** (*fannen*)
- **gesinn** (*gesinn*)
- **geholl** (*huelen*)
- **gaangen** (*goen*)
- **ginn** (*ginn*)
- **geschwat** (*schwätzen*)

a. De Georges ass e Marathon ....

b. Mir hunn um 8 Auer de Bus ....

c. Wou hues du mäi Portmonni .... ?

d. Si si gëschter Owend an de Kino ....

e. Mat wiem hues du op der Party .... ?

f. Hues du him de Kaddo .... ?

g. Vu wat ass hatt sou déck .... ?

h. Hues du den neien James Bond scho .... ?

9 Sachant qu'il NE s'agit PAS de verbes réguliers, cochez la forme correcte du participe passé.

a.	kommen	☐ komm	☐ gekommt
b.	kafen	☐ gekaaft	☐ kaaft
c.	liesen	☐ geliest	☐ gelies
d.	wëssen	☐ gewosst	☐ gewësst
e.	kréien	☐ gekréit	☐ kritt
f.	sangen	☐ gesongen	☐ gesangt
g.	fléien	☐ gefléit	☐ geflunn

CHAPITRE 17 : LE PASSÉ COMPOSÉ

Le choix de l'auxiliaire

- Pour les verbes de mouvement, de changement d'état, on utilise **sinn** ainsi que pour les verbes **rester** (*bleiwen*), **être** (*sinn*) : **ech si bliwwen**, **ech si gewiescht**.

- En luxembourgeois, les verbes pronominaux sont conjugués avec « avoir » (*hunn*), ce qui s'oppose à l'usage en français.
  - **Ech hu mir geduecht.** (*Je me suis dit, j'ai pensé.*)
  - **Ech hu mech am Spigel gekuckt.** (*Je me suis regardé dans le miroir.*)

- Attention : certains verbes pronominaux en français ne le sont pas en luxembourgeois, mais expriment un mouvement ou un changement d'état.
  - **erwächen** (*se réveiller*)
  - **op/stoen** (*se lever*)
  - **a/schlofen** (*s'endormir*)

10 Complétez par <u>hunn</u> ou <u>sinn</u>.

a. Gëschter .... ech um 7 Auer erwächt. (*Hier je me suis réveillé à 7 heures.*)

b. Ech .... direkt opgestan. (*Je me suis levé immédiatement.*)

c. Ech .... mech gewäsch. (*Je me suis lavé.*)

d. Ech .... um 8 Auer de Bus geholl. (*J'ai pris le bus à 8 heures.*)

e. Ech .... vun hallwer 9 bis 12 geschafft. (*J'ai travaillé de 9 heures à 12 heures.*)

f. Um 12 .... ech zu Mëtteg iesse gaangen. (*À midi je suis allé déjeuner.*)

g. Nomëttes .... ech mat Frënn e Kaffi gedronk.
(*L'après-midi j'ai bu un café avec des amis.*)

h. Ech .... nach bis 7 Auer an der Stad bliwwen.
(*Je suis resté en ville jusqu'à 7 heures.*)

i. Owes .... ech mam Taxi heemgefuer. (*Le soir je suis rentré en taxi.*)

j. Ech .... um 11 Auer ageschlof. (*Je me suis endormi à 11 heures.*)

CHAPITRE 17 : LE PASSÉ COMPOSÉ

II Mettez les participes passés des verbes ci-dessous dans la grille.

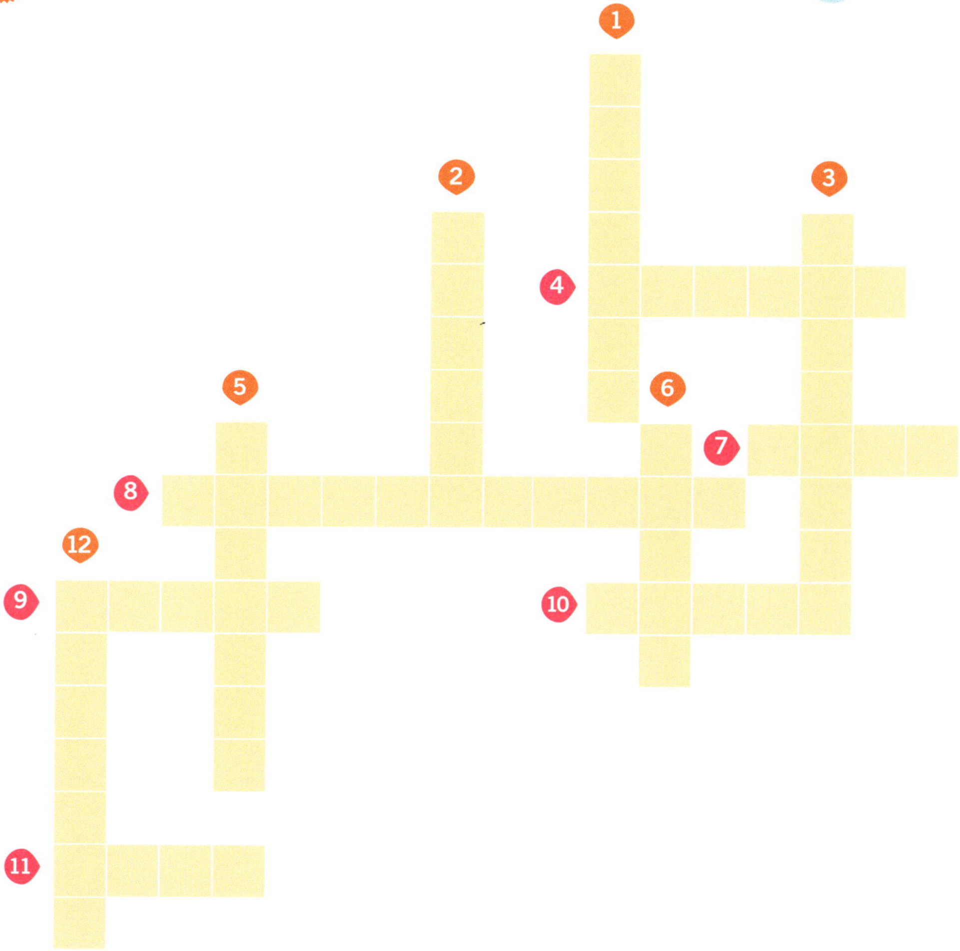

Verticalement :
1. goen
2. fueren
3. léieren
5. maachen
6. soen
12. kucken

Horizontalement :
4. liesen
7. ginn
8. schreiwen
9. lafen
10. fannen
11. kommen

Bravo, vous êtes venu(e) à bout du chapitre 17 ! Il est maintenant temps de comptabiliser les icônes et de reporter le résultat en page 128 pour l'évaluation finale.

SOLUTIONS

1. Pour commencer

1 a. b. g. h. j.

2 a. ⌀ b. de c. ⌀ d. de e. ⌀ f. ⌀, de g. ⌀ h. de i. den, d' j. ⌀

3 a. Wien ass dat? b. Heescht Dir Jean Capesius? c. Säi Virnumm ass Paul. d. Ass dat den Här Junk? e. Mäi Virnumm ass Gilles, mäi Familljennumm ass Becker. f. Wéi heescht Dir mam Familljennumm? g. Mäin Numm ass Bond, James Bond. h. Ass Äre Familljennumm Gregorius? i. Ass Claude Äre Virnumm oder Äre Familljennumm? j. D'Claudine heescht mam Familljennumm Meyer.

4

Moies	Mëttes	Owes	Verab-schiden	De ganzen Dag
Moien	Gudde Mëtteg	Gudden Owend	Awuer	Moien
Bonjour	Mëtteg	'n Owend	Äddi	Salut
Gudde Moien			Bis geschwënn	
			Gutt Nuecht	Bonjour

5 a. À bientôt : Bis geschwënn b. Adieu : Äddi c. Au revoir : Awar d. Bonjour : Bonjour e. Bonjour : Moien f. Bon après-midi : Gudde Mëtteg g. Bonne matinée : Gudde Moien h. Bonne nuit : Gutt Nuecht i. Bonsoir : Gudden Owend j. Salut : Salut

6 Hei, Salut, Paul, wéi geet et? / Gutt , an dir? / O, net immens, ech si krank. / Dat deet mir leed. / Jo, … kann ech presentéieren? Dat ass meng Fra, d'Joanne. / Et freet mech. / Mir hunn e Rendez-vous beim Dokter. Bis geschwënn. / Jo, Äddi, bis geschwënn.

7 a. Ech heesche Karin. b. Mäin Numm ass Weber. c. Ass Äre Familljennumm Schmit? d. Sidd Dir den Här Junk? e. Ass dat de Paul Hilbert? f. Gudde Moien!

8 a. de b. de c. de d. de e. den f. den g. den h. de i. de j. den k. de l. de

9 a. Éi! b. Au! c. Ei! d. Ou?

10 a. longue b. longue c. longue d. courte e. longue f. longue g. longue h. courte i. courte

2. Les articles

1 a. de/dee/e b. d'/dat/e c. d'/dat/e d. d'/déi/eng e. d'/dat/en f. d'/dat/e g. d'/déi/eng h. de/dee/e i. d'/dat/en j. de/dee/e k. den/deen/en

2 a. neutre b. féminin c. masculin d. masculin e. neutre f. neutre g. masculin h. masculin i. neutre j. féminin k. féminin

3 a. masculin, car point cardinal b. féminin, car fleur c. féminin, car se termine en -ei d. masculin, car moment de la journée e. neutre, car être jeune f. neutre, car verbe substantivé g. masculin, car saison h. masculin, car mois i. masculin, car se termine en -o

4

den(deen)	d' (déi)	d' (dat)
M	Mamm	Kand
Brudder	62	lessen
Summer	Zeitung	
Freideg		
Owend		
Kino		

5 a. En neien Tram. b. E schéint Buch. c. E groussen Dësch. d. E klenge Stull. e. En deiert Haus. f. En ale Vëlo. g. Eng modern Posch. h. Eng breet Strooss. i. E klengen Hond. j. Eng léif Kaz

6 a. e schéint Buch b. eng jonk Fra c. eng breet Strooss d. eng kleng Kaz e. en neie Vëlo f. eng grouss Posch g. en ale Mann h. e klengen Hond i. e léift Kand

7 a. de b. de c. d'/de d. de e. den/d' f. de g. den h. d' i. de/d' j. d'

8 a. Wat b. Wien c. Wat d. Wien e. Wie

9 a. e Kichendësch [m.] b. e Reemantel [m.] c. e Kannerbuch [n.] d. e Sonnebrëll [m.] e. en Häreschong [m.]

3. Le pluriel des substantifs

1 a. Dieren b. Fraen c. Hären d. Tuten e. Läffelen

2 a. Dëscher b. Momenter c. Häerzer d. Kräizer e. Problemer

3 a. Apel : Äppel b. Bic : Bicker c. Blat : Blieder d. Blumm : Blummen e. Classeur : Classeuren f. Dokter : Dokteren g. Fouss : Féiss h. Frënd : Frënn i. Frëndin : Frëndinnen j. Heft : Hefter k. Mann : Männer l. Numm : Nimm m. Päerd : Päerd n. Strëmp : Strëmp o. Tour : Tier

4

L	Z	H	Y	O	X	Q	P	V	D	B	B
S	I	I	Z	Z	D	I	E	R	E	N	Z
O	Z	C	E	D	S	M	S	U	H	Z	S
A	F	R	Ë	N	D	I	N	N	E	N	C
K	L	Z	R	K	O	P	A	D	L	D	H
E	M	H	W	M	U	V	M	T	K	P	O
L	A	V	Ë	O	H	O	O	B	H	N	N
J	U	J	G	N	J	A	T	R	J	E	G
K	T	B	X	A	N	C	I	B	L	U	F
F	O	X	C	S	R	Y	E	S	K	E	I
Q	E	G	X	E	V	Z	M	E	E	N	Y
S	N	O	D	K	K	A	N	N	E	R	Y

Hënn
Autoen
Dieren
Schong
Kanner
Frëndinnen
Haiser
Pneuen

5

```
        L
H A U S       D Ä N Z E R I N
    U         Ë
  B U C H     S
    H   F Ë S C H
C O M P U T E R   H
    A       A
    U
    S T U L L
```

6 a. ee/zwee b. ee/zwee c. eng/zwou d. eng/zwou e. eng/zwou f. ee/zwee g. eng/zwou h. ee/zwee

7 a. néng Hänn b. sechs Bicher c. siwe(n) Männer d. zwou Tasen e. véier Mais f. aacht Haiser g. dräi Schong h. fënnef Autoen i. zéng Féiss

4. Les nombres cardinaux et l'heure

1 a. sechsandrësseg b. zweeafofzeg c. fënnefavéierzeg d. siwenanachtzeg e. véieranzwanzeg

SOLUTIONS

2 a. Dat kascht fënnefanzwanzeg Euro. **b.** Dat kascht eenanachtzeg Euro. **c.** Dat kascht aachtannonzeg Euro. **d.** Dat kascht honnertzweeanzwanzeg Euro. **e.** Dat kascht zweedausendfënnefhonnertdräiasechzeg Euro.

3 a. 887 **b.** 5093 **c.** 5039 **d.** 9050 **e.** 915 **f.** 745 **g.** 2098

4 a. 12 **b.** 45 **c.** 36 **d.** 5 **e.** 80 **f.** 210

5 a. Et ass aacht (8) Auer moies. **b.** Et ass fënnef (5) Auer nomëttes. **c.** Et ass néng (9) Auer owes. **d.** Et ass véier (4) Auer nuets. **e.** Et ass zwielef (12) Auer mëttes.

6 a. 20 h 45 **b.** 12 h 05 **c.** 2 h 20 **d.** 19 h 10 **e.** 8 h 25

7 a. zwanzeg vir eelef **b.** fënnef vir hallwer zwou **c.** Mëtternuecht **d.** zwanzeg op aacht moies **e.** hallwer 6

8 a. hallwer sechs moies **b.** fënnef op hallwer siwen owes **c.** zéng vir zwou nomëttes **d.** Véierel op zéng moies **e.** hallwer zwielef owes (oder nuets) **f.** zwanzeg vir zéng moies **g.** fënnef vir fënnef nomëttes

9 a. dräizéng Auer sechs **b.** eenanzwanzeg Auer véieranzwanzeg **c.** fofzéng Auer fënnef **d.** zweeanzwanzeg Auer aacht **e.** aacht Auer siwenafofzeg **f.** eelef Auer néngandrësseg

5. Les pronoms personnels

1 a. D'Buch ass nei. Et kascht 20 €. **b.** correct **c.** D'Madamm Schmit wunnt an der Stad. Si schafft op enger Bank. **d.** Den Här an d'Madame Ewan sinn Amerikaner. Si wunnen zu New York. **e.** De Paul ass Lëtzebuerger. Hien ass Architekt. **f.** Ech hunn en neien Auto. En ass immens flott.

2 a. Mir **b.** Si **c.** Hatt **d.** Hie **e.** Si **f.** Dir **g.** dir **h.** si

3 a. Sidd, hunn **b.** ass, huet **c.** si, sinn **d.** Hues, hunn

4

	vouvoiement formel	tutoiement simple	tutoiement collectif
Wunnt Dir an der Stad?	x		
Hues du Zäit?		x	
Wat schafft Dir?	x		
Kommt dir mat an de Kino?			x
Wéi al bass du?		x	

6. Les verbes réguliers au présent de l'indicatif

1

	wunnen	heeschen	schwätzen
ech	wunnen	heeschen	schwätzen
du	wunns	heeschs	schwätz
hien/si/hatt	wunnt	heescht	schwätzen
mir	wunnen	heeschen	schwätzen
Dir/dir	wunnt	heescht	schwätzt
si	wunnen	heeschen	schwätzen

2 a. mir liesen **b.** dir wunnt **c.** du heeschs **d.** hie schwätzt **e.** si sichen **f.** hatt drénkt **g.** ech schaffen **h.** mir kucken **i.** si lauschteren **j.** du léiers

3 Crossword:
Across/Down: SCHAFFT, KUCKS, WUNNT, KACHEN, INVITÉIEREN, SCHWÄTZ, LEESCHT, LEE, KSCH...

4

	sichen	spillen	liesen	léieren
ech	sichen	spillen	liesen	léieren
du	sichs	spills	lies	léiers
hien/si/hatt	sicht	spillt	liest	léiert
mir	sichen	spillen	liesen	léieren
Dir/dir	sicht	spillt	liest	léiert
si	sichen	spillen	liesen	léieren

5 a. wunnen **b.** drénke **c.** kachen **d.** kucken **e.** sicht **f.** spille **g.** liese

6 a. schwätze **b.** schwätzt **c.** schwätzen **d.** schwätzt **e.** schwätzt **f.** schwätze **g.** schwätz **h.** schwätzt

7

	ech	du	hien/si/hatt	mir	Dir/dir	si
léieren	x			x		x
kuckt			x		x	
lies		x				
wunnt			x		x	
heeschen	x			x		x
kachs		x				

7. Les verbes irréguliers au présent de l'indicatif

1 a. kënnt **b.** riffs **c.** léisst **d.** fiers **e.** keeft **f.** ëss **g.** mécht **h.** gesäis

2 a. Wou wunns du? **b.** Fiers du mam Auto schaffen? **c.** Wat fir eng Sprooch schwätz du doheem? **d.** Këns du aus engem europäesche Land? **e.** Wat méchs du de Weekend? **f.** Ëss du och gär Pizza? **g.** Wéi dacks gesäis du deng Frënn? **h.** Lauschters du gär Musek?

3 1. i. 2. k. 3. a. 4. h. 5. c. 6. d. 7. e. 8. b. 9. j. 10. f. 11. g.

SOLUTIONS

④ a. schwëmms b. hëlt c. seet d. fiert e. ësst f. méchs g. séngt

⑤

	ech	du	hien/si/hatt	mir	Dir/dir	si (pl.)
méchs		x				
kënnt			x			
kafen	x			x		x
fiert			x			
ginn	x			x		x
frot					x	
kommen	x			x		x
laaft					x	
gëss		x				
schléift			x			

⑥ a. gi b. kritt c. keeft d. mécht e. gëtt f. dréis g. iessen

⑦

	aller	aller (à pied)	courir	acheter	venir
ech	fueren	ginn	lafen	kafen	kommen
du	fiers	gees	leefs	keefs	kënns
hie(n)/si/hatt	fiert	geet	leeft	keeft	kënnt
mir	fueren	ginn	lafen	kafen	kommen
Dir/dir	fuert	gitt	laaft	kaaft	kommt
si	fueren	ginn	lafen	kafen	kommen

	comprendre	donner/devenir	être debout	faire	trouver
ech	verstinn	ginn	stinn	maachen	fannen
du	verstees	gëss	stees	méchs	fënns
hie(n)/si/hatt	versteet	gëtt	steet	mécht	fënnt
mir	verstinn	ginn	stinn	maachen	fannen
Dir/dir	verstitt	gitt	stitt	maacht	fannt
si	verstinn	ginn	stinn	maachen	fannen

⑧ a. goen b. ginn c. goen d. goen e. goen f. ginn

⑨ a. Kënnt b. kann c. däerfen d. ka e. däerf

⑩ a. muss b. solle c. mussen d. solls e. musst

⑪ a. kanns du b. ech muss c. däerf een d. wëllen

⑫ a. Mir wëllen zu Lëtzebuerg schaffen. b. Du muss en Appartement fannen. c. D'Paula däerf haut an de Kino goen. d. D'Jeanne kann net Auto fueren. e. Ech brauch en neie Pass. f. De Jacques weess all d'Äntwerten. g. Du solls besser oppassen!

8. Les prépositions de lieu

① a. an der b. bei der c. um d. am e. op der f. op der g. Beim h. an der i. am j. bei der

② a. de b. d' c. d' d. de e. de

③ a. op b. bei c. an dem (am) d. op e. bei f. an dem (am)

④ a. Maart, marché b. Buttek, magasin c. Spillplaz, aire de jeux d. Schoul, école e. Bësch, forêt f. Stad, ville

⑤

Y	G	B	E	U	S	U	A	P	G	W	D
Q	L	J	V	I	V	K	O	A	Z	R	S
T	A	U	T	O	U	Ë	D	O	U	E	C
M	J	D	A	Q	T	B	L	Z	C	X	H
O	D	D	R	W	X	A	S	O	H	L	O
T	D	O	P	U	A	Z	X	P	J	K	U
O	E	F	J	C	Y	E	G	I	M	I	L
H	E	L	I	K	O	P	T	E	R	P	B
Q	J	I	F	S	I	C	V	L	R	U
J	M	G	B	O	O	T	M	B	T	S
G	C	E	S	W	L	C	A	M	I	O	N
C	A	R	U	E	Y	Y	L	L	H	A	C

⑥ a. mam Auto b. mam Fliger c. zu Fouss d. mat der Kutsch e. mam Vëlo f. mam Zuch, mam Bus

⑦

Déplacement ?	oui	non	traduction
goen	x		aller
schaffen		x	travailler
fueren	x		aller
wunnen		x	habiter
heeschen		x	s'appeler
lafen	x		courir
waarden		x	attendre
fléien	x		voler

⑧ a. op b. op, op c. zu d. zu e. zu, zu f. op g. zu h. op

9. Parler de ses origines

① a. aus, vu, aus, vu b. aus, vun, aus, vun c. aus, vu, aus, vu d. aus, vu, aus, vu e. aus, vu, aus, vu

② (dans l'ordre des illustrations) Bacalhau – aus Portugal, Pizza – aus Italien, Vodka – aus Russland, Kackkéis – aus Lëtzebuerg, Sushi – aus Japan, Baguette – aus Frankräich

Paëlla – aus Spuenien

③ a. aus England b. aus Däitschland c. aus Frankräich d. aus Tunesien e. vun Amsterdam f. vu Madrid g. vu Lissabon h. vu Budapest

SOLUTIONS

4

aus	aus der	aus dem	aus den
Albanien	Belsch	Kosovo	U.S.A.
Bosnien	Dominika-	Vietnam	
China	nesch		
Däitschland	Republik		
Frankräich	Tierkei		
Italien	Schwäiz		
Jugoslawien			
Spuenien			
Portugal			
Mazedonien			

5 a. schwätzen d'Leit Däitsch. **b.** schwätzen d'Leit Spuenesch. **c.** schwätzen d'Leit Italieenesch. **d.** schwätzen d'Leit Englesch. **e.** schwätzen d'Leit Japanesch. **f.** schwätzen d'Leit Russesch. **g.** schwätzen d'Leit Franséisch, Flämesch an Däitsch. **h.** schwätzen d'Leit Chineesesch. **i.** schwätzen d'Leit Spuenesch. **j.** schwätzen d'Leit Portugisesch. **k.** schwätzen d'Leit Portugisesch. **l.** schwätzen d'Leit Lëtzebuergesch, Franséisch an Däitsch.

6

	NATIONALITÉ	LANGUE
Lëtzebuergesch		x
Belsch	x	
Finnesch		x
Spuenierin	x	
Dänin	x	
Türkesch		x
Holländer	x	
Franséisin	x	
Portugisesch		x
Chineesin	x	

7 [word search grid]

8 1. f. 2. a. 3. e. 4. h. 5. b. 6. i. 7. j. 8. d. 9. g. 10. c.

9 a. Schweedin **b.** Brasilianerin **c.** Dänin **d.** Finnin **e.** Franséisin **f.** Holllännerin

10 a. Belsch **b.** Spuenier **c.** Chinees **d.** Kosovar **e.** Iraner **f.** Amerikaner

11 a. Amerikanerinnen **b.** Lëtzebuerger **c.** Japanerinnen **d.** Polen **e.** Däninnen **f.** Chineesen **g.** Peruaner **h.** Senegaleesin

12 a. Dänin **b.** Tschech **c.** Argentinier **d.** Portugal

10. L'interrogation, l'affirmation et la négation

1 a. heesche **b.** sinn **c.** kommen **d.** schaffen **e.** schwätzt **f.** wunnen **g.** léiere **h.** ass

2 a. Wéi **b.** Wat **c.** Wuer **d.** Wéini **e.** Wéi **f.** Firwat **g.** Wéi **h.** Wéi vill **i.** Wéini **j.** Wat

3 a. Wat **b.** Wéi vill **c.** Wéi **d.** Wien **e.** Wou **f.** Firwat **g.** Wéini **h.** Wat

4 1. c. 2. e. 3. f. 4. a. 5. d. 6. b.

5 a. nee **b.** dach **c.** nee **d.** jo **e.** jo **f.** nee **g.** dach

6 a. keen Hond **b.** keen Haus **c.** keng Schwëster **d.** kee Computer **e.** keng Kanner **f.** kee Päerd

11. Les nombres ordinaux et les dates

1 a. de siwenten **b.** de véierzéngten **c.** de siwenandrëssegsten **d.** de véierannonzegsten **e.** den honnertfënnefanzwanzegsten **f.** den dausendsten

2 a. déi zwee Strooss **b.** de véierte Stack **c.** dat siwent Haus **d.** den honnertste Client **e.** den honnertdausendsten Awunner

3 a. Februar ass den zweete Mount am Joer. **b.** Mäerz ass den drëtte Mount am Joer. **c.** Abrëll ass de véierte Mount am Joer. **d.** Mee ass de fënnefte Mount am Joer. **e.** Juni ass de sechste Mount am Joer.

4 a. aachte, August **b.** néngte, September **c.** zéngte, Oktober **d.** eelefte, November **e.** zwielefte, Dezember

5 a. fënnefanzwanzegsten Dezember **b.** dräianzwanzegste Juni **c.** éischte Januar **d.** zweeanzwanzegsten August, zéngte September **e.** fofzéngte Juli, véierzéngte September

[word search grid with months]

123

SOLUTIONS

7 **a.** Sonndeg, de 4. August **b.** Freideg, den 1. Oktober **c.** Mëttwoch, de 15. Mee **d.** Donneschdeg, den 10. Dezember **e.** Méindeg, de 25. September

8 **a.** Méindeg : lundi **b.** Samschdeg : samedi **c.** Mëttwoch : mercredi **d.** Sonndeg : dimanche **e.** Donneschdeg : jeudi **f.** Freideg : vendredi **g.** Dënschdeg : mardi

9 **a.** nonzénghonnertfënnefafofzeg **b.** nonzénghonnertuechzéng **c.** nonzéngte **d.** zweedausendsiechzéng

10 **a.** Elizabeth déi Zweet **b.** George de Fënneften **c.** Guillaume de Véierten **d.** Poopst François den Éischten

12. Les indications temporelles

1 Méindeg, Dënschdeg, Mëttwoch, Donneschdeg, Freideg, Samschdeg, Sonndeg ; Januar, Februar, Mäerz, Abrëll, Mee, Juni, Juli, August, September, Oktober, November, Dezember

2 **a.** Haut ginn ech an de Kino. **b.** E Sonndeg schaffe mir net. **c.** Am Juli hunn d'Kanner Vakanz. **d.** Am August huet den Dokter Congé. **e.** E Sonndeg ass de Supermarché zou.

3 **a.** De Coiffer ass muer op. **b.** D'Kanner fueren e Samschdeg an d'Vakanzekolonie. **c.** Mir ware gëschter op d'Schueberfouer. **d.** De Kleeschen kënnt am Dezember. **e.** Den Zuch op Miersch fiert um 8 Auer.

4 1. f. 2. e. 3. g. 4. i. 5. c. 6. h. 7. b. 8. d. 9. a.

5 **a.** Haut den Owend **b.** Muer de Moien **c.** E Mëttwoch de Mëtteg **d.** Haut den Nomëtteg **e.** E Samschdeg den Owend **f.** freides owes **g.** nuets

6 **a.** nomëttes **b.** moies **c.** E Sonndeg den Nomëtteg **d.** moies um **e.** dënschdes, donneschdes **f.** e Freideg den Owend

7 **a.** Ech drénken ëmmer Kaffi. **b.** Ech ginn dacks an de Kino. **c.** Ech gi seele spadséieren. **d.** Ech iessen ni Schockela. **e.** Ech schwätzen heiansdo Lëtzebuergesch.

8

S	W	R	F	K	D	R	O	W	Z	Y	S
H	Q	V	Q	O	V	A	L	N	G	S	I
T	C	G	Y	Z	F	M	C	C	I	P	W
X	V	H	Ë	W	S	P	S	K	O	V	W
C	F	E	J	S	Z	E	E	I	S	R	E
M	Y	I	N	D	C	N	E	I	S	R	R
H	B	A	I	W	Z	H	H	L	B	M	M
A	K	N	M	U	E	R	T	R	E	J	U
U	F	S	N	Y	X	C	T	E	A	N	E
T	I	D	D	Ë	M	M	E	R	A	R	R
N	M	O	S	Z	L	F	D	Y	N	R	R
V	I	R	G	Ë	S	C	H	T	E	R	P

9 **a.** spillt, spillt **b.** mécht **c.** gi, kucke **d.** fiert, spillt **e.** spillt, lauschtert

10 **a.** Haut den Owend gi mir an de Kino. **b.** De Jacques an d'Anni danze gär. **c.** Muer den Owend kachen ech. **d.** Mir iesse gär Gromperekichelcher. **e.** Heiansdo spillt de Paul mam Pierre Schach.

13. Les possessifs

1 **a.** mäin **b.** däin **c.** säin **d.** hire **e.** seng **f.** eis (ons) **g.** Äre, Äre **h.** hiert

2 1. a. 2. c. 3. a. 4. b.

3 **a.** Eise Jong wunnt zu München. **b.** Seng Schwëster heescht Marie. **c.** Schafft Äre Papp bei Ambicor? **d.** Ech kennen deng Eltere gutt. **e.** Hire Monni an hir Tatta komme vun Esch.

4 **a.** Mon frère joue du piano. **b.** Nos grands-parents habitent chez nous. **c.** Quel âge ont tes enfants ? **d.** Est-ce que votre mère travaille ? **e.** Paul a deux enfants, sa fille s'appelle Claire et son fils Michel.

5

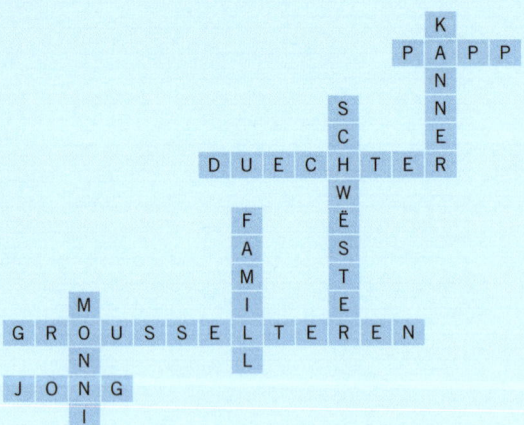

6 **a.** Dem Claudine seng Mamm ass Coiffeuse. **b.** Der Madamm Feltes hire Mann huet Congé. **c.** Dem Tom säi Brudder wunnt an Australien. **d.** Der Famill Kalmes hiren Hond bellt ëmmer. **e.** Dem Här Jacobs seng Fra kacht net gär. **f.** De Kanner hir Groussletere sinn nach jonk.

7 **a.** dem, säi **b.** dem, seng **c.** Lena, dem, seng **d.** dem, seng, Boma **e.** dem, seng, Tatta **f.** dem, säi **g.** dem, dem, hir

8 De haut en bas :

Pour l'homme : d'Gesiicht, d'Aen, d'Ouer, d'Nues, de Mond, den Aarm, d'Hänn, d'Féiss

Pour la femme : d'Aen, d'Ouer, d'Nues , de Mond, den Aarm, d'Hänn, d'Been, d'Féiss

9 **a.** säi Gesiicht **b.** seng Ae **c.** seng Nues **d.** säi Mond **e.** seng Oueren **f.** seng Äerm **g.** seng Bee **h.** seng Féiss **i.** seng Hänn **j.** hiert Gesiicht **k.** hir Ae **l.** hir Nues **m.** hire Mond **n.** hir Ouere **o.** hir Äerm **p.** hir Bee **q.** hir Féiss **r.** hir Hänn

10 **a.** Wiem säi Meeedche studéiert Droit? Dem Claire säint. **b.** Wiem seng Ae si blo? Dem Maxime seng. **c.** Wiem seng Eltere sinn nach jonk? Eis. **d.** Wiem säi Kand geet an d'Schoul? Mäint. **e.** Wiem säi Gesiicht ass schéin? Dem Isabelle säint.

14. L'impératif

1 a. **Komm** an de Büro! b. **Léier deng** Vokabelen! c. **Schreif** den Exercice! d. **Huel** den Auto aus dem Garage! e. **Bréng** mir e Kaffi!

2 a. **Gitt** net sou séier! b. **Gitt** mir eng Hand! c. **Sidd** roueg! d. **Hutt** e Moment Gedold! e. **Stitt** net sou laang am Reen!

3

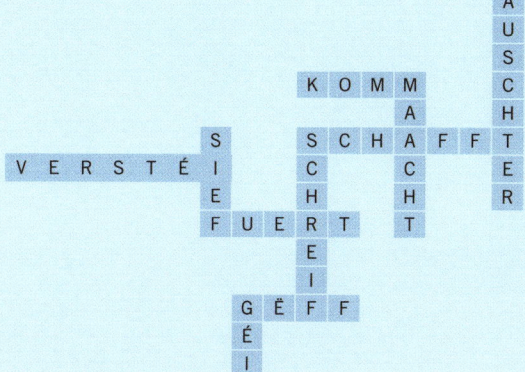

4 a. Commencez à travailler ! b. Levez-vous à 6 heures ! c. Participe au concours ! d. Ferme la porte ! e. Ouvrez la fenêtre ! f. Mets un pull-over !

5 a. Entschëllegt, wéi, bei ; Gitt, riichtaus, Kräizung ; Strooss, lénks b. Entschëllegt, wéi ; Gitt, riets, rout, Luucht, riichtaus ; Strooss, lénks c. Entschëllegt ; Huelt ; Stack, gitt, lénks ; Dier, riets

6 1. c. 2. a. 3. c. 4. b.

7 a. hinnen b. eis c. mir d. him e. hir f. mech g. him h. eis

8 a. Moien, wéi geet et **Iech**? b. Gutt, an **Iech**? Kann ech **Iech** eppes froen? c. Jo, natierlech, wat **wëllt Dir** wëssen? d. **Fuert Dir** muer de Moie mam Auto an d'Stad? e. Jo, kann ech **Iech** hëllefen? f. Jo, **kënnt Dir** mech mathuelen? g. Kloer, um wéi vill Auer soll ech **Iech** siche kommen?

9 1. c. 2. d. 3. e. 4. b. 5. a. 6. f.

10 1. d. 2. a. 3. f. 4. c. 5. e. 6. b.

15. Comparer

1 1. c. 2. e. 3. d. 4. f. 5. a 6. b. 7. g.

2 a. D'Claire ass méi al wéi d'Karin. b. Den TGV ass méi séier wéi de Regionalzuch. c. D'Prinzessin ass méi schéin wéi d'Monster. d. Dem Rapunzel seng Hoer si méi laang wéi meng Hoer. e. Chinesesch ass méi schwéier wéi Lëtzebuergesch. f. Paräis ass méi grouss wéi Lëtzebuerg.

3 a. Du schwätz besser Franséisch wéi ech. b. De Bill Gates huet méi Suen wéi ech. c. Hei schaffe manner Frae wéi Männer. d. De Pierre spillt besser Tennis wéi de Paul. e. D'Marie huet méi Kanner wéi de Maurice. f. Am Juli schaffen ech manner wéi am Januar.

4 a. Wäisse Wäin b. Geméis c. Béier d. ech drénke léiwer platt Waasser e. ech drénke léiwer Kaffi

5 a. Ech schaffe léiwer op der Bank wéi op der Gemeng. b. Ech iesse léiwer am Restaurant wéi doheem. c. Ech schlofe léiwer doheem wéi am Hotel. d. Ech kucke léiwer e Film am Kino wéi op der Tëlee. e. Ech jogge léiwer am Bësch wéi op der Strooss.

6 a. Ech liesen am léifste Romaner. b. Ech lauschteren am léifste Rockmusek. c. Ech kucken am léifste Serien. d. Ech drénken am léifste Kaffi. e. Ech spillen am léifste Monopoly.

7 a. gär b. léiwer c. am léifsten d. léiwer e. Am léifste f. léiwer

8 a. Dee gréngen oder dee bloe Rack? Dee bloe Rack gefält mir besser. b. Déi gro oder déi schwaarz Box? Déi schwaarz Box gefält mir besser. c. Dat rout oder dat gielt Hiem? Dat rout Hiem gefält mir besser. d. Déi gro oder déi wäiss Jackett? Déi gro Jackett gefält mir besser. e. Déi hellblo oder déi donkelblo Blus? Déi donkelblo Blus gefält mir besser. f. Déi schwaarz oder déi brong Schong? Déi brong Schong gefale mir besser.

9 a. Ech hu schwaarz gär. b. Ech hu rout léiwer. c. Hues du léiwer rout oder schwaarz? d. Ech hunn am léifste blo.

10 b. Mäi Liblingsdéier ass en Hond. c. Meng Liblingsfaarf ass rout. d. Mäi Liblingsiesse si Grompere. e. Meng Liblingsstad ass Lëtzebuerg.

16. Les verbes ginn et kréien

1 a. Ech **kréien** Honger. b. Du **kriss** Duuscht. c. **Hie kritt** en Auto. d. Mir **kréien** de Bauch wéi. e. Dir **kritt** e Bëbee. f. Si **kréien** eng Glatz.

2 a. Ech **gi** gesond. b. Du **gëss** hongereg. c. **Hie gëtt** duuschtereg. d. Mir **ginn** nervös. e. Dir **gitt** Client. f. Si **gi** Lëtzebuerger.

3 a. ginn b. kritt c. kritt d. gëtt, kritt e. kritt f. kritt

4 1. d. 2. c. 3. a. 4. f. 5. g. 6. e. 7. b.

5 a. Ech gi rout. b. Ech ginn déck. c. Ech ginn nervös (oder: ongedëlleg/impatient) d. Ech ginn dënn. e. Ech gi midd.

6 a. donner (donner un pourboire) b. devenir (profession) c. donner (ici : passer) d. donner (offrir) e. devenir (être)

7 a. Den Här Kayser ass Dokter am Centre Hospitalier. b. Mäi Jong wëllt Architekt ginn. c. Hunn Är Kanner e Schoulmeeschter? d. De Pablo Picasso ass e bekannte Moler. e. De Journalist interviewt de Politiker. f. Mäi Coiffer heescht Jean-Pascal.

8

L	B	S	I	S	N	Y	F	Z	X	G	V	V	C	V	H	A	I
V	Ä	C	T	B	G	L	É	I	E	R	I	N	E	G	C	P	N
W	C	M	W	X	F	C	I	X	K	B	I	L	J	H	M	K	F
H	K	O	F	C	Q	A	P	D	E	R	W	U	I	L	I	N	O
C	E	Z	Y	Y	L	V	Q	W	Z	E	W	H	T	X	N	C	R
E	S	C	H	A	U	S	P	I	L	L	E	R	I	N	I	Z	M
D	C	O	K	Y	C	P	T	C	G	A	R	U	C	F	S	S	A
U	H	K	Q	Q	G	A	R	A	G	I	S	T	I	N	T	Y	T
C	Q	P	L	L	K	H	V	M	E	R	E	X	T	Q	E	B	I
A	I	R	F	F	H	Q	R	C	H	T	I	R	M	S	P	K	S
T	G	A	I	I	P	T	L	O	V	E	Z	V	X	N	C	R	E
R	I	F	E	E	M	P	L	O	Y	É	E	Z	P	Y	H	K	R
I	E	R	F	F	J	U	R	A	Z	P	R	I	K	L	U	M	I
C	J	A	T	T	R	A	Q	A	J	F	I	M	U	Z	E	U	N
E	P	O	L	I	Z	I	S	T	I	N	N	P	Q	S	I	N	N

SOLUTIONS

9 a. Je n'arrive pas à fermer la fenêtre. **b.** Nous n'arrivons pas à ouvrir la porte. **c.** Je n'arrive pas à mettre la valise dans la voiture. **d.** Nous n'arrivons pas à enlever la tache du tapis. **e.** Il n'arrive pas à allumer la télé. **f.** Elle n'arrive pas à éteindre l'alarme.

10 a. De Jacques hätt gär e Rendez-vous um 5 Auer. **b.** An der Vakanz hätte mir gär schéint Wieder. **c.** Wat häss du gär fir däi Gebuertsdag? **d.** D'Leit hätte gär méi Zäit a manner Stress. **e.** Hätt Dir gär eng Tut?

11 a. Ech géif gär **e.** Kaffi drénken. **b.** Hatt géif gär e Film kucke goen. **c.** Mir **hätte gär** eng Glace. **d.** Si **géife gär** eng Aarbecht fannen. **e.** Hie **géif gär** eng Paus maachen. **f.** Dir **hätt gär** en neien Auto.

17. Le passé composé

1 a. Ech **hat** eng Gripp. **b.** Du **has** keng Zäit. **c.** Hien **hat** am Juli Congé. **d.** Mir **hate** keng Suen. **e.** Dir **hat** e Problem. **f.** Si **hate** vill Honger.

2 a. Ech **war** immens midd. **b.** Du **waars** hongereg. **c.** Hie **war** an der Schoul. **d.** Mir **ware** Frënn. **e.** Dir **waart** bestuet. **f.** Si **waren** ënnerwee.

3 a. Mir hunn net vill Zäit. **b.** Bass du Member an engem Club? **c.** De Claude huet immens Chance. **d.** Dir hutt e gudde Proff. **e.** Sidd Dir zefridde mam Service?

4 1. d. **2.** f. **3.** e. **4.** c. **5.** b. **6.** a.

5 a. gekuckt **b.** gewunnt **c.** gespillt **d.** geheescht **e.** geschafft

6 a. probéieren **b.** invitéieren **c.** kontrolléieren **d.** klasséieren **e.** masséieren

7 a. maachen **b.** drénken **c.** iessen **d.** fueren **e.** hëllefen

8 a. gelaf **b.** geholl **c.** fonnt **d.** gaangen **e.** geschwat **f.** ginn (= *donné*) **g.** ginn (= *devenue*) **h.** gesinn

9 a. komm **b.** kaaft **c.** gelies **d.** gewosst **e.** kritt **f.** gesongen **g.** geflunn

10 a. sinn **b.** sinn **c.** hu **d.** hunn **e.** hu **f.** sinn **g.** hunn **h.** si **i.** sinn **j.** sinn

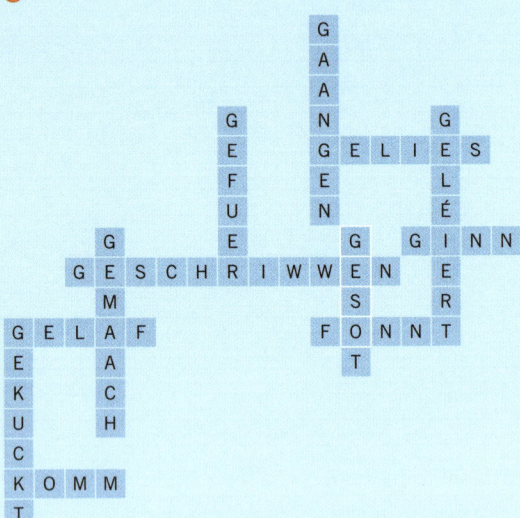

TABLEAU D'AUTOÉVALUATION

Bravo, vous êtes venu à bout de ce cahier ! Il est temps à présent de faire le point sur vos compétences et de comptabiliser les icônes afin de procéder à l'évaluation finale. Reportez le sous-total de chaque chapitre dans les cases ci-dessous puis additionnez-les afin d'obtenir le nombre final d'icônes dans chaque couleur. Puis découvrez vos résultats !

	🙂	😐	☹️		🙂	😐	☹️
1. Pour commencer				10. L'interrrogation, l'affirmation et la négation			
2. Les articles				11. Les nombres ordinaux et les dates			
3. Le pluriel des substantifs				12. Les indications temporelles			
4. Les nombres cardinaux et l'heure				13. Les possessifs			
5. Les pronoms personnels				14. L'impératif			
6. Les verbes réguliers au présent de l'indicatif				15. Comparer			
7. Les verbes irréguliers au présent de l'indicatif				16. Les verbes ginn et kréien			
8. Les prépositions de lieu				17. Le passé composé			
9. Parler de ses origines							

Total, tous chapitres confondus .... 🙂 😐 ☹️

Vous avez obtenu une majorité de...

Ganz gutt! Vous maîtrisez maintenant les bases du luxembourgeois.
Vous êtes maintenant prêt à aller encore plus loin !

Net schlecht... Mais vous pouvez encore progresser ! Refaites les exercices qui vous ont donné du fil à retordre en jetant un coup d'œil aux leçons !

Probéiert nach eng Kéier! Vous êtes un peu rouillé… Reprenez l'ensemble de l'ouvrage en relisant bien les leçons avant de refaire les exercices.

CRÉDITS ICONOGRAPHIQUES ET INFORMATIONS LÉGALES

Crédits iconographiques :

COUVERTURE :
Shutterstock : ligne 1, de gauche à droite : paulrommer, Maria Egupova, Oleg7799, Kurdanfell, bhj-ary, Sleepbird, paulrommer, paulrommer, vip2807.

INTÉRIEUR :
Fotolia : Fotolia : Andra04 : 73h ; ElenaShow : 19h ; marius1987 : 63h – **Marion Huet** : 23h, 74h, 109a-b-d-e-f – **Shutterstock** : Adam Vilimek : 105 ; Aleksandra Novakovic : 4, 26-2 ; Alex Gorka : 26b ; Alexander Ryabintsev : 55g, 56 ; Anastasia_B : 28b ; Andrei Tarchyshnik : 67 ; angkrit : 118 ; ankomando : 113, 14b ; Annasunny24 : 86 ; Ariadna Ada Sysoeva : 61 ; Beresnev : 48b ; bioraven : 55f ; Bplanet : 73b ; Creatarka : 82 ; Dooder : 90 ; Ellegant : 101h ; elysart : 55d ; esadaphorn : 8 ; Evellean : 27 ; Fine Art : 9h ; forden : 12 ; Fotinia : 25, 26h, 26-3 ; Glinskaja Olga : 26-4 ; graphic-line : 26-5 ; gst : 26-8, 64 ; Gurza : 102d ; happymay : 31 ; HieroGraphic : 110m ; iceink : 100 ; Iconic Bestiary : 38, 66, 114, 116 ; Incomible : 23b, 68b, 76b ; Iuliia Makarova : 92 ; jehsomwang : 111 ; jesadaphorn : 74b, 77 ; Julia Tim : 3, 16h, 68h, 79, 115 ; K N : 5 ; kaa67alex : 99m ; Kauriana : 87 ; Lisa Kolbasa : 32, 33 ; little Whale : 72g ; Lorelyn Medina : 71 ; LOVE YOU : 26-7 ; Lyudmyla Kharlamova : 34, 70 ; Macrovector : 11, 15h, 76h, 95, 98, 99b, 104, 112 ; Malchev : 22 ; Maria Starus : 54, 106b ; Mascha Tace : 16b, 94 ; Minur : 101b ; MSSA : 19b, 51, 52, 109c ; MyClipArtStore.com : 85h ; newcorner : 75 ; Olga1818 : 35h, 35b, 36, 58, 59, 85b, 97g-d ; Olya Fedorovski : 53 ; Oxy_gen : 50 ; palasha : 57 ; PinkPueblo : 69, 72 ; Rudie Strummer : 46h ; Seamartini Graphics : 55a ; Sentavio : 10b, 20b ; Shvetsov Vadim : 55e ; sibgat : 65 ; Smart Design : 108 ; Spreadthesign : 26-4, 26-9, 26-10, 55c ; Stella Levi : 9b ; Sthom : 55b ; Studio Barcelona : 24 ; Studio_G : 29b ; subarashii21 : 81 ; Sudowoodo : 28h ; tandaV : 46b ; Tarikdiz : 107 ; Tcmakephoto : 13 ; Tetiana Yurchenko : 6 ; Tomacco : 63b, 84 ; Vector Bakery : 7h ; venimo : 30b, 89, 110h ; Vetreno : 45 ; Virinaflora : 88 ; Visual Generation : 78b ; Voin Sveta : 20h, 59b, 60hd ;

wet nose : 41h, 41m, 41b, 42h, 42b ; What's My Name : 60hg, 62b ; wongstock : 7b ; Woodhouse : 110b ; zapolzun : 39, 40 – **Vecteezy** : 14h, 44, 99h, 102g, 103, 106h, 109h – **DR** : 26-6, 48h

Conception graphique : MediaSarbacane
Mise en pages : Marion Huet pour Céladon éditions
Réalisation : Céladon éditions,
www.celadoneditions.com

© 2016, Assimil
Dépôt légal : août 2016
N° édition : 4312 - décembre 2023
ISBN : 978-2-7005-0984-7
www.assimil.com
Imprimé en Roumanie par Master Print